人文社科
高校学术研究论著丛刊

就业导向下的大学生职业生涯规划与管理研究

张瑞颖 著

中国书籍出版社

图书在版编目 (CIP) 数据

就业导向下的大学生职业生涯规划与管理研究 / 张瑞颖著. -- 北京：中国书籍出版社，2020.11
ISBN 978-7-5068-8122-7

Ⅰ.①就… Ⅱ.①张… Ⅲ.①大学生 - 职业选择 - 研究 Ⅳ.① G647.38

中国版本图书馆 CIP 数据核字（2020）第 226628 号

就业导向下的大学生职业生涯规划与管理研究

张瑞颖 著

丛书策划	谭 鹏 武 斌
责任编辑	李 新
责任印制	孙马飞 马 芝
封面设计	东方美迪
出版发行	中国书籍出版社
地　　址	北京市丰台区三路居路 97 号（邮编：100073）
电　　话	（010）52257143（总编室）　（010）52257140（发行部）
电子邮箱	eo@chinabp.com.cn
经　　销	全国新华书店
印　　厂	三河市德贤弘印务有限公司
开　　本	710 毫米 × 1000 毫米 1/16
字　　数	204 千字
印　　张	15.75
版　　次	2021 年 10 月第 1 版
印　　次	2021 年 10 月第 1 次印刷
书　　号	ISBN 978-7-5068-8122-7
定　　价	72.00 元

版权所有　翻印必究

目 录

第一章 梦想起航：大学生职业生涯规划认知 …………… 1
  第一节 生涯、职业生涯与职业生涯规划 …………… 1
  第二节 职业生涯规划的特征、原则及影响因素 ……… 10
  第三节 职业生涯规划的经典理论 ………………… 14
  第四节 大学生活与个人职业生涯发展 …………… 19

第二章 自我探索：大学生自我认知 ………………… 36
  第一节 自我认知的内涵 ……………………… 36
  第二节 性格探索——人格类型与职业探索的关系 …… 40
  第三节 兴趣探索——职业兴趣与职业探索的关系 …… 50
  第四节 价值观探索——个人价值观与职业探索的关系 … 54
  第五节 自我能力探索——素质能力与
           工作胜任力的匹配 …………………… 59

第三章 职业探索：职业世界认知 …………………… 65
  第一节 职业认知的内涵 ……………………… 65
  第二节 大学专业与职业的关系 ………………… 67
  第三节 职业的特点与类别 …………………… 72
  第四节 职业信息的收集与整理 ………………… 75

第四章 决策千里：职业生涯决策理论认知 …………… 87
  第一节 职业决策的内涵 ……………………… 87
  第二节 影响职业生涯决策的因素 ……………… 95
  第三节 职业生涯决策的原则及步骤 …………… 103

第四节　职业生涯决策的方法……………………… 108

第五章　绘制蓝图：大学生职业生涯规划设计 …………… 115
　　第一节　职业生涯规划设计的内涵………………… 115
　　第二节　大学生职业生涯规划设计的方法与步骤…… 118
　　第三节　大学生职业生涯规划的目标设计………… 126
　　第四节　大学生职业生涯规划书设计……………… 138

第六章　大展宏图：大学生职业生涯规划的实施与调整 … 146
　　第一节　职业生涯规划实施的内涵………………… 147
　　第二节　大学生职业生涯规划实施的策略………… 150
　　第三节　大学生职业生涯规划的调整……………… 152

第七章　未雨绸缪：做好角色转换与就业的准备 ………… 164
　　第一节　从学生到工作者的角色转换……………… 164
　　第二节　做好求职与就业的准备…………………… 177
　　第三节　多种就业途径解析………………………… 193

第八章　日臻完善：大学生职业生涯规划的管理 ………… 201
　　第一节　职业生涯规划的早期管理………………… 201
　　第二节　职业生涯规划的中期管理………………… 222
　　第三节　职业生涯规划的后期管理………………… 233

参考文献………………………………………………… 242

第一章 梦想起航：大学生职业生涯规划认知

在旧的思维指导下，我们大多认为"高分＋好大学"即意味着将得到一份好工作，有一个美好的前程和幸福美满的人生。但是高等教育的人才培养现状和我们所面临的竞争激烈的人力资源市场打破了这样的童话。在这个时候，我们不得不开始思考：该怎样对自己的人生、对自己的职业生涯负责？又如何去获得一个美好的职业生涯？

机会总属于有准备的人。职业生涯规划的理论和实践同我们职业的成功乃至人生的成功密切相关，而大学生的职业规划更是个人走向职场的基础性准备工作。从跨进校门的那一刻开始，大学生们就需要在规划中前行，并通过实践来完善规划。

第一节 生涯、职业生涯与职业生涯规划

一、生涯

在英文世界里，"生涯"是"career"一词的翻译，有时也会将之翻译为"职业生涯"。从字源看，它来自罗马语"viararia"及拉丁语"earrus"，这两者的意义均指古代的战车。在希腊，"career"这个词有疯狂竞赛的意思，最早常用作动词，如驾驭赛马。在西方人的概念中，"生涯"一词有在马场上驰骋竞技的意思，隐含有

冒险精神。后来该词又引申为道路及人生的发展道路,也可指人或事物的经历及途径,或指个人一生的发展过程。

而在中文里,"生涯"最早来源于《庄子·养生主》篇的"吾生也有涯,而知也无涯"。因此,中文语境中的"生涯"一词含有生命历程之义,并有着"有涯"的时间性特性。而在后世的生活体验中,中国的文人又对之作了进一步的衍化。或者将"生涯"视为"生活",或者更具体地定义在"生活的方式"这一个层次上。

二、职业生涯

从规范性的角度看,"生涯"是人们一生所经历的顺次相连的全部事件,也可以指在某个特定领域或者方面的历程或进步,如婚姻生涯、学术生涯、学业生涯等。而特定到职业领域就是我们所称的"职业生涯"。

在范畴上,按照生涯理论大师施恩的观点,职业生涯包含内外两个层次:"内职业生涯"是从事某一职业时所具备的知识、观念、心理素质、能力、心理感受等因素的有关经验或活动;"外职业生涯"是指从事职业时的工作单位、工作地点、工作内容、工作职务、工作环境、工资待遇等因素的组合及其变化的过程。

一个严重的偏见是,所谓的职业就是工作,大学生的职业生涯管理就是找个好工作。但问题在于,有份工作并不等于就有一个辉煌的职业生涯。在现实生活中,许多大学毕业生(甚至是大部分)虽然有工作,但这并不意味着他们即将开启自己的职业生涯。他们的工作仅仅是赚钱——他们不得不工作,而且工作不能给他们带来快乐。所以一个人如果想在工作、生活中找到幸福,那么他就必须以新的方式思考工作的意义,以及工作和生活的关系。我们可以将工作与职业生涯的不同点列表如下:

第一章 梦想起航：大学生职业生涯规划认知

表1-1 工作与职业生涯的不同

工作	职业生涯
有时间上的限制,有明确的开始和结束时间	终身的
工作=获得报酬	工作=事业、梦想、抚养家庭、贡献社会
工作主要的目标是赚钱	工作是为了获得自我的发展
钱=幸福	个人发展=幸福
家庭、工作难以平衡,牺牲家庭	家庭、组织和社会平衡发展

职业生涯不仅是一个过程的定义，更是一个人生的定义。在人的一生中，你所从事的工作、你所奋斗的成就决定着一个人的价值与意义。可以从两个方面理解职业生涯的内涵：一是内职业生涯，即指从事一种职业时的知识、观念、经验、能力、心理素质、内心感受等因素的组合及其变化过程。一个人刚步入职场的心态肯定与几年之后大不相同，为人变得随和、处事变得稳重、设计变得全面考虑等隐性的变化是一个人成长的具体体现。二是外职业生涯，指从事职业时的工作单位、工作时间、工作地点、工作内容、工作职务与职称、工作环境、工资待遇等因素的组合及其变化过程。职务的升迁、职称的变化会随着事业的发展而变化，是一个人内职业生涯素质的成熟与人生前进的标志。

与职业生涯相关的概念还有职业生涯设计与职业生涯管理。职业生涯设计是指个人（在组织的指导下）根据职业环境的发展，对个人素质的发展、个人职业定位、职业道路选择、职业生涯发展进行的一系列安排。职业生涯管理是指个人（在组织的指导下）根据职业环境的变化，对个人职业生涯进行设计、履行、评估、反馈、控制的过程，它们都是站在未来组织的立场对职业生涯的认识。

三、职业生涯规划

（一）职业生涯规划的概念

职业生涯规划，又称为职业生涯设计，普遍认为是著名管理学家诺斯威尔(William J. Rothwell)首先提出这个概念的。他认为,职业生涯设计就是个人结合自身情况及眼前制约因素,为自己实现职业目标而确定行动方向、行动时间和行动方案。尽管之后其他学者对职业生涯规划的概念有不同的理解,但各种理解上的差异并不能掩盖职业生涯规划在人们观念中的共识。应该说,诺斯威尔的定义从一开始就为职业生涯规划定下了基调,具有典型意义。对职业生涯规划概念的认识,应着重把握以下三点:

(1)职业生涯规划分为认知、设计、行动三大部分。

职业生涯规划是一种复合化的行为过程。认知包括对人生理想、职业价值观、兴趣爱好、个性特征、能力状况等主体方面的认知,也包括对家庭条件、社会环境、职业分类、工作性质的认知,还包括对职业生涯规划理论和方法的认知。设计是指个体根据认知,为自己有针对性地树立职业目标、制订实施方案、确定阶段任务。行动则是将设计的内容付诸实施。三者环环相扣,浑然一体。

(2)职业生涯规划以职业实现和职业维持为中心,同时包含对性情培养、家庭角色扮演、生活方式和状态等非职业因素的规划。

对于大多数人而言,职业是物质生活来源的基础,也是心理塑造的重要因素,正因如此,职业生涯规划才会成为一个独立的研究主题,甚至在某种意义上,职业生涯规划可以等同于生涯规划。所以,职业生涯规划的核心是找到适合自己的理想职业,并得以维持。但是职业的实现和职业的维持不是孤立的,它们需要生涯的其他方面作支撑。比如,家庭的建立往往有助于职业因素更大地发挥作用,家庭的建立形态等也会影响着职业的选择,同时家庭的建立也影响着职业结束后个体的归属。所以,职业生涯规划是关于个人生涯较全面的规划过程。

(3)职业生涯规划深受客观条件的影响。

首先,职业生涯规划属于一种社会科学,本身无法做到像自然科学那样严谨精确。其次,职业生涯规划的调整是主体与客观因素的适应关系,但客观上的因素是无法完全预料的。职业生涯规划所能做到的是根据既有的因素去安排路线和行动,在客观因素变化时,也能运用合理的方法去应对。但是,如果没有这些准备,我们将漫无方向,在面对新情况时,也很难找到合理的方法解决。所以职业生涯规划为个体的发展提供的并非如建筑图纸那样的细致无缺,它提供的是让我们合理有序发展的框架。

（二）职业生涯规划的重要性

国内知名的职业生涯咨询师古典老师从上千个咨询案例中发现,对于大学生和入职五年的青年人而言,有没有一个清晰的生涯规划和管理思路直接决定了他们职业生涯的长度和深度。

在自我认知的层面,兴趣让你发现适合的职业,能力让你得到能胜任的职位,而价值观则帮你筛选你喜欢的工作方式、同事和单位。但同时存在一个问题,很多人的职业生涯规划局限在"职业选择"这个环节——做一些测评,然后定位自己的目标职位。这种思维的弊端在于把兴趣、能力、性格、价值观当作是先天不变的天赋,而非后天修炼的能力——最后往往定位出一个根本无法实现的"完美的职业规划方案"或"星光大道"。过于强调"匹配"环节,直接导致我们忽视了生涯路径中存在的多种机缘巧合,而这些机缘更多的可能性是把你带离这条"星光大道"。

正是基于这样的原因,我们在本书中试图说明：无论你的出身是富贵抑或贫寒,无论你上的什么大学、学的什么专业,都可以通过重塑自己的性格、修炼自己的兴趣、提升自己的能力、打磨自己的价值观,找到自我实现的平台,在现实的生活中收获快乐、成功和幸福的人生,而这恰恰是职业生涯规划的意义所在。

（三）职业生涯规划对大学生的意义

每一个人在性格、能力、价值观念、身体素质、物质条件、生活状态等各方面都不完全相同,这就是由人生发展中"质"与"量"的差异所造成的。人生发展的"质"与"量"可以说是人与人之间的区别标签。因此,在发展的起步期,只有找准自己当前的"质"与"量",才能知道自己所处的位置、所具备的条件；只有找准自己未来的"质"与"量",才能知道自己所努力的方向和所要达到的境界。在发展的过程中,只有运用恰当的方法,科学系统地去构造发展的轨迹,才能找到理想的目标。我们都知道,标尺的作用是衡量与勾画,而职业生涯规划正是人生发展的标尺,这点对于站在生涯发展十字路口的大学生而言,更是如此。

(1)职业生涯规划帮助大学生更好地认知自我。

①指导大学生确定恰当的人生目标。目标是人生之路的灯塔,它指引奋斗的方向,也提供奋斗的动力。但是,确定一个恰当的人生目标绝非易事。目标定得过于宏大,容易找不到实现目标的入手之处,对个人成长起不到促进作用;目标定得过于狭隘,会使得个人的成长受到过多的拘束,最终限制了发展的空间。而职业生涯规划所包含的各种理论、方法、工具,可以帮助大家准确地认识自我,在正确的自我定位的基础上,结合外部条件和社会需要确定切实可行的目标。

②帮助大学生认识既有的发展状态。认识既有的发展状态,包括对个性的认识、对现有能力和不足的认识、对发展阶段的认识等。如果对既有的发展状态有较好的把握,就可以确定之前所做努力的效果,明确下一步应做的工作。这样,我们就能知道今后是应该继续沿用之前的发展思路,还是作适当的调整。这既可以作为一种对之前确定的人生目标的检验,又能促进我们逐渐朝人生目标迈进。

(2)职业生涯规划帮助大学生更好地发展自我。

①帮助大学生树立正确的择业观念。时下就业市场上之所以会出现"公务员热""金融热""房地产热"等现象,很重要的原因就是很多大学生没有正确的择业观念,而一味地追随大流,或者仅仅认识到社会环境对职业发展的影响,而没有考虑到自我的身心特点和未来发展的目标。延伸到相关的"考研热""出国热"等,这也是大学生群体缺乏正确就业观念的表现。没有正确的择业观念,带来的结果往往是就业中的四处碰壁,或从事了一个不适合自己的职业,导致个性被压抑,能力被限制,生活上郁郁

寡欢,事业上步履维艰。"三百六十行,行行出状元。"对于有抱负的人而言,其实大多数职业都有广阔的施展空间,都能给人生带来成功的荣耀。正确的择业观念应当是自我认识、环境认识、价值目标认识的系统结合。而职业生涯规划可以帮助个体在此基础上树立具体的、有针对性的择业观念,从而对机遇的把握更为全面和深刻。

②引导大学生有针对性地培养素质和能力。对于大学生而言,当前社会发展充满着机遇,同时又面临着严峻的挑战。可以预见,未来对人才需求的趋势是越来越多样化、专业化,而且越来越注重品行合一。我们常常听说这样的情况:有学生在工作中由于不能熟练地使用各种现代化的工具,使得其能力大打折扣;有学生在大学期间虽然看了很多书,但在工作时无论是口头还是书面表达能力都不强,直接影响到工作单位对自己的评价和认可;还有一些学生在工作时感觉专业知识学得不深,常有重回校园学习的冲动等。这些都是大学生没有针对性培养自己的素质和能力的结果。那么,在挑战和趋势面前,大学生应该怎样培养素质和能力呢?人一生中学习和实践的时间是有限的,我们很难使自己的素质和能力面面俱到,使自己成为无所不能的"全才"。而且当代社会分工的精细,使得任何人都不可能在所有领域里都能大展身手。因此,我们应该以发展目标为核心,有针对性地培养自己在某些方面的素质和能力。学习了职业生涯规划,相信大多数人都能理解这一点,并会付诸行动。

(四)大学生如何管理职业生涯

大学生的职业生涯管理大致可以分为两个部分:第一部分是大学阶段的学业生涯管理;第二部分是大学期间如何为未来职业做准备的问题。

1.大学怎么读

当你以后回忆起大学生活,点点滴滴,你会有什么感慨?发自内心的安慰,大学没有白过;悔恨连连,如果大学重来,我绝不虚度;抑或,陈年旧事,不提也罢,遗憾叹息……有果必有因,这时的感慨都源于你上大学时的态度。

当然,认识自己如同找到外星人一样困难,多和自己交流,搞清楚自己的现在和未来,你就是超人,很简单但很少有人做到。知道自己想什么、要什么、做什么、能得到什么以及自己要付出什么,这很重要。大学期间具体要做什么?我们给你如下建议:

学好学通一个专业——这个专业可能是你本专业,但更可能是别的你喜欢的专业,一定要做到有一业可专,否则毕业后你就真的无法证明自己了。

精通一项技能——无论什么,你总要学一个会一个,如英语口语流利,熟练掌握办公软件等,这是通过实际操作证明你的最好方式。当然建议你还是发展本专业的技能,这样可以做到一脉相承,更加容易证明自己。

培养一个专长——这个专长不仅仅是与所学专业相关的能力,也可以是其他技能。比如文字表达能力特别突出,或沟通表达能力突出,抑或是英语的口语能力强。

培养几个爱好——爱好是你休闲的最好方式,你可以选择和大家在一起的爱好,如打球;也可以选择独处的爱好,如读书、健身等。爱好也可以拓宽视野抑或发展成自己的副业,比如喜欢旅游可以尝试考导游证,喜欢打游戏可以考虑做电竞等等。

博览群书——大学期间应该是你这一生为数不多的能够安静下来集中时间读书的美好时光。你可以选择和自己专业相关或者自己感兴趣的图书,试着给自己设定一个阅读量目标,比如1000册图书等,并在大一到大四学年列出不同的书单,为自己设定阶段性目标,打造自己的知识系统。

交几个良师益友——人生何以解忧,唯有良师益友。数量不用太多,几个足够,这可能是你一辈子的朋友,在关键时刻给你指点迷津,做你的引路人。

从事社会实践——在社会实践中,你将就某一个主题对社会

第一章　梦想起航：大学生职业生涯规划认知

形成基本的认知，也将会在团队中学会如何与他人沟通，如何与人相处，如何共同合作完成任务。

了解未来职业并有效准备——毕业后你要去哪里？你了解社会吗？你了解职场吗？如果这些问题你还不能回答，那么你要去准备了，多和社会上的人、工作中的人交流，在社会中、实践中、交流中去学习思考这一切；但是无论何时，你也别忘了你是谁、你要成为谁。

2. 大学怎样为职业选择作准备

如果你确定毕业之后就工作，那么你就应该早点为工作做准备。因为找工作必备的专业技能、工作机会识别能力、职场适应能力等不是大学毕业时自然就学会了的。在此意义上，好工作实际上不是大学毕业时找到的，而是大学期间持续性努力的结果。

从大学出发，以人生为终点，以职业为站点，以四年为绳索，将大学、人生、职业穿起来，制定一个大学职业生涯规划：

大一关键词：观念·环境·自我·专业·基础

大一这一年，你要树立怎样上大学、如何利用大学的观念，这是思维方式层面的问题，是第一位的，将会影响你日后的学业生涯的发展。请尽快熟悉校园环境、生活城市环境、班级寝室环境等，让自己可以尽快和身边的人打成一片，让自己尽快摆脱因地理因素而造成的陌生感。

分析一下过去的自我，看看自己的优缺点，然后再展望一下毕业后的自己，找到差距，制订行动计划。千方百计也要找到自己喜欢的专业。万丈高楼平地起，请打好英语、计算机、专业知识基础。如果你基础薄弱，日后你就会发现，你所学习和补充的都将是这些东西。

大二关键词：行业·职业·能力·实践·择业

在大二时多了解行业和职业，并尽可能找时间走出校园了解现实的职业世界。能力往往是从实践活动中得来的，在学习专业理论知识的基础上，要通过大量的生涯实训项目、社会实践来不断地检验自己、塑造自己，找到需要弥补的差距。大二期间，可以确定所学专业的一个或几个发展方向，并就将来的职业发展制订切实可行的行动计划，当然你也需要思考下一阶段是继续求学还是直接工作。

大三/大四关键词：职业·证书·实习·就业·升学

这是你必须考虑将来出路的时候了，从行业、专业出发，了解与之对应的职业，建议充分利用互联网来查找相关的职业信息，也可以对相关从业者进行访谈。你需要了解这些职业是做什么的，需要具备什么样的教育背景、从业资质和职业经验。如果你想继续读书，那你也要思考升学的途径有哪些，又该做哪些方面的准备。

证书，是进入一个职业的资格，所以，如果确定了要入哪一行、哪一业，那么就可以根据其要求去准备考取相应证书。这里需要提醒的是，不要盲目地考一堆没用的证书。求职，就是根据自己的兴趣、性格、价值观、能力选择某一个专业方向，在某一行业的某一企业里从事具体的劳动，并获得相应的报酬。这时候希望你能做好充分的从业准备，尽快适应职场的环境，并就自己未来1—3年的职业发展作初步的规划。

第二节 职业生涯规划的特征、原则及影响因素

一、职业生涯规划的特征

（一）个性化

职业生涯是个体的职业经历，而非群体或组织的经历。每个人的成长环境、文化背景、职业目标、对社会的认知等不尽相同，所以不同的人的职业生涯追求不同，规划也不相同。因此，职业生涯规划必须由自己来做，别人无论是领导还是父母、朋友，都无

法替你做规划。每个人的个人职业生涯规划都具有强烈的个性特征,是个性化的发展蓝图,虽有共同的规律,却没有固定的模式,只能由个人根据自己的实际情况制定。

(二)时间性

职业生涯规划有一个时间跨度。按照规划时间的长短,个人职业生涯规划可分为短期规划、中期规划、长期规划、人生规划4种类型。人们通常是长短期并举,首先确定人生规划、长期规划,而在操作层面上则把中期规划作为个人职业规划的重点。因为时间太长的规划因环境和个人自身的变化很难具有操作性,时间太短的规划意义又不太大,而中期规划既易依据现有条件做,又便于根据规划执行的反馈信息及时调整规划的策略与内容,使中短期规划更具可操作性。

(三)开放性

个人职业生涯规划要置身于社会环境、组织环境和他人的影响之中。因为人是社会动物,一份有效的职业生涯规划必须是在对主客观条件充分审度的基础上,广泛听取老师、朋友、家人以及职业顾问的意见之后,才制定出来的。而且,在这个开放变化的社会里,有效的个人职业生涯规划要经历数次的修正和调整,绝不是一成不变的。

二、职业生涯规划的原则

职业生涯规划应该遵循个人生存原则、社会需求原则、能力特长原则、兴趣爱好原则、职业发展原则五大原则。

(一)个人生存原则

按照马斯洛的需求层次理论,人类需求从低到高分为:生理需求、安全需求、社交需求、尊重需求和自我实现需求五个层次,只有低一层次的需求满足之后才会有更高层次的需求,作为一个自力更生的社会人,首先要学会生存,要有谋生的技能,才谈得上人生理想与生涯规划。

(二)社会需求原则

选择职业作为一种社会活动,必受到一定的社会制约。大学生择业时,应积极把握社会对人才的需求动向,把社会需要作为出发点和归宿点;以社会对个人的要求为准绳,既要看到眼前利益,又要考虑长远发展;既要考虑个人因素,也要自觉服从社会需要。

(三)能力特长原则

任何一种职业都需要一定的能力,不同的职业有不同的能力要求。任何一种职业技能都是经过学习和培训才能为劳动者所掌握的。在对自己的能力特长有一个正确认识和评价的基础上,根据自己的能力、特长来规划职业生涯是十分重要的。

(四)兴趣爱好原则

兴趣是个体积极探索事物并带有积极色彩的心理倾向。这种倾向常有稳定、主动和持久等特征。如果对学习、工作产生了浓厚的兴趣,就能在学习和工作中具有并保持高度的自觉性和积极性,在学习或工作中取得成就。

(五)职业发展原则

职业是个人的谋生手段,其目的在于追求幸福。当目前的职业很难成功,或眼前的工作尽管能带来稳定的收入和不错的福利,但不能长久发展时,应遵循职业发展的原则,重新择业,找一份真正适合自己发展的工作。

三、职业生涯规划的影响因素

一个人一生的职业历程有着种种不同的可能,而影响其职业发展的因素也是多方面的,包括个人特质、社会环境等。

(一)个人特质

健康对于职业选择特别重要,几乎所有的职业都需要健康的身心。个体可以通过对自己的身体素质、心理素质及承受能力进行客观的评估,分析自己有哪些显性的身心优势,有哪些潜在能力需要开发,在职业中自己的身心条件哪些处于优势哪些处于劣势。根据自己的身心条件,决定自己能够从事哪些职业,不能从事哪些职业,设计适合自己职业发展的方向和路线。

(二)受教育程度

教育是赋予个人才能、塑造人格、促进个人发展的活动,教育程度是事业成功不可缺少的条件。获得不同教育程度的人,在个人职业选择时,具有不同的能量和作用:受教育程度较高的人,在就业以后会有很大的发展,在职业不如意时,再次进行职业选择时能力和竞争力也较强。受教育程度低的人,在职业选择和发展时相对处于劣势。人们接受教育的专业、学科门类及层次对职业生涯也起着重要的决定作用。

(三)家庭经济情况

家境的优劣也是影响职业生涯规划不可忽略的要素。家庭情况好的人,在求职时受外界影响和干扰较少,可以听从内心的声音选择自己喜欢和感兴趣的职业;家庭负担重的人,家庭责任感会使自己有着更大的就业压力,甚至会改变原来规划好的职业目标。因此,我们在进行职业生涯规划时,必须考虑家庭状况,以平衡家庭责任与理想之间的关系。

(四)性别因素

虽然男女平等的观念已普遍被现代社会所接受,但传统观念"性别因素"仍然在职业中起着不可忽略的潜在作用。因此,在规划职业生涯和求职,要做好充分的思想准备,寻求与性别相适宜的、与理想相统一的职业,有助于自己走向成功。虽然由于工作性质的不同,有一些工作适合女性,有一些工作适合男性,但男女具有同等的发展机遇,只要我们努力,每个人都能实现自己的职业理想。

(五)社会环境因素

社会环境因素指的是社会的政治、经济体制,人才市场的管理体制,社会文化习俗,职业的社会评价等状况。社会环境因素决定了社会职业岗位的数量、结构、层次,同时也决定了人们的职业观念,从而决定了就业的方式和个人职业生涯的历程。

大学生身处校园,并没有完全进入社会生活和职业生活。社会对各类职业的评价常常通过舆论、习惯等各种渠道渗透到大学生心里。大学生观念的更新、思想的变化,价值取向的调整,都会改变大学生职业认知的内容,以至于需要其重新对职业选项进行排序、组合。

第三节 职业生涯规划的经典理论

一、人职匹配理论

(一)帕森斯的特质—因素理论

这种理论是由美国职业指导专家弗兰克·帕森斯创立的,继而由威廉逊·佩特森发展成型,这是在西方国家最为古老而且应用范围最广的一种理论,在职业指导中一直处于主导地位,对世界各国影响较大。1908年帕森斯在波士顿创办职业指导局,这可以说是职业指导的起点。1909年,他出版《选择职业》一书,第一次系统阐述了科学的职业指导理论,即特质—因素理论。特质就是人的生理、心理特质或总称为人格特质,因素是指客观工作标准对人的要求。

根据特质—因素理论,在职业选择过程中,第一步,分析个人的特质,即评价个人的生理和心理特征;第二步,分析各种职业对人的要求;第三步,人—职匹配,个人在了解自己的特点和职业要求的基础上,选择一项既适合自己特点,又有可能获得的职业。

(二)霍兰德职业性向理论

美国约翰·霍普金斯大学心理学教授约翰·霍兰德于1971年提出了职业性向理论(Career orientation)。该理论源于人格心理学的概念和大量职业咨询的实践研究,霍兰德从整个人格角度考察职业的选择问题。其理论体系较为完整,也易于操作。在该理论中,霍兰德将人们的工作环境划分为六种,并将不同的职业归属到其中的一种工作环境之中。这六种环境分别是现实型、研究型、艺术型、社会型、企业型和常规型。霍兰德还将劳动者按个性及择业倾向也大致分为六种类型:现实型(Realistic Type)、研究型(Investigative Type)、艺术型(Artistic Type)、社会型(Social Type)、企业型(Enterprising Type)和常规型(Conventional Type)。我们可以把这些类型作为一种模型来衡量真实的人,一种职业环境能够吸引相应性向的人进入这种环境工作。这种职业性向包括价值观、兴趣、动机和需要,这些因素也决定了个体的择业倾向。

二、职业发展阶段理论

职业生涯规划是一个动态的过程,不同职业生涯发展阶段对职业选择也存在着较大的影响。无论从人的心理自身发展的内在规律来看，还是从社会活动的变化加速对之产生的影响来看，人的职业心理总是处于一种动态的发展过程中，因而个性与职业的匹配不可能一次就可以完成的。比较具有代表性的是舒伯、金斯伯格、格林豪斯和施恩的职业理论。

（一）施恩的职业锚理论

职业锚理论是由在职业生涯规划领域具有"教父"级地位的美国麻省理工学院斯隆商学院、美国著名的职业指导专家埃德加·H·施恩教授领导的专门研究小组在对该学院毕业生的职业生涯研究中演绎成的。

进入新世纪以来，影响大学生职业锚的主要因素是能力、动机与需求、价值观、兴趣爱好和职业性向。当代大学生应当结合自身因素寻找自己的职业锚，尽早做好职业定位，不断探索开发自身潜能，准确地把握求职就业方向，取得与自己能力相称的成就，塑造成功的人生。

（二）舒伯的发展阶段理论

美国著名职业生涯规划大师唐纳德·E·舒伯于1953年依照年龄将每个人生阶段与职业发展配合，将生涯发展阶段划分成成长、探索、建立、保持和衰退五个阶段，形成"成长—探索—建立—维持—衰退"的循环。

1. 成长阶段（出生—14岁）

这一阶段的儿童开始发展自我概念，尝试用各种不同的方式表达自己的需要，且经过对现实世界不断的认识来修饰自己的角色。该阶段发展的任务是：发展自我形象，形成对工作世界的正确认识，并了解工作的意义。

2. 探索阶段（15—24岁）

这一阶段的青少年通过学校的活动对自我的能力和角色会做一番探索，该阶段的发展任务是职业偏好逐渐具体化、确定化。此阶段共包括三个时期：

（1）试探期（15—17岁），考虑需要、兴趣、能力及机会，做暂时的决定。

（2）过渡期（18—21岁），青年学生开始接受专业训练或进入就业市场，更注重现实，职业目标更加确定化。

（3）实验期（22—24岁），职业发展规划初步确定。

3. 建立阶段（25—44岁）

经历过前一阶段的尝试后，该阶段青年逐渐确定在整个职业发展中自己的位置，并在31—40岁开始考虑如何保持这个位置。该阶段的发展任务是稳固上升，又可细分为两个时期：一是实验—承诺期（25—30岁），个体追求稳定；二是建立期（31—44岁），大部分个体处于稳固的时期，往往因经验和资历而成绩显著。

4. 维持阶段（45—65岁）

个体仍希望继续维持既有的位置，同时会面临新入职同行的挑战，此阶段的发展任务是维持既有的成就。

5. 衰退阶段（65岁以上）

由于个体生理及心理机能日渐衰退，个体不得不面对现实，从参与到逐步引退，该阶段的任务是寻找新的方式满足成就感。

三、明尼苏达工作适应论

该理论起源于美国明尼苏达大学，由罗圭斯特和戴维斯提出的强调人境符合的心理学理论,简单来说就是只有当工作环境能满足个人的需求(内在满意),个人也能满足工作的技能要求(外在满意)时,个人在该工作领域才能够得到持久发展。

该理论不再强调选择、强调适应,而是强调人境符合的适应论,认为选择职业或生涯发展固然重要,但就业后的适应问题更值得注意。尤其对障碍者而言,在工作上能否持续稳定,对其生活信心与未来发展都是重要的课题。基于此种考虑,戴维斯等人从工作适应的角度,分析适应良好与否的因素。

每个人都会努力寻求个人与环境之间的适配性,当工作环境能满足个人的需求(satisfaction),又能顺利完成工作上的要求(satisfactoriness),符合程度随之提高(见图1-1)。

不过个人与工作之间存在互动的关系,符合与否是互动的过程的产物,个人的需求会变,工作的要求也会随时间或经济情势而调整,如个人能努力维持其与工作环境间符合一致的关系,则个人工作满意度愈高,停留在这个工作领域的时间也愈持久。

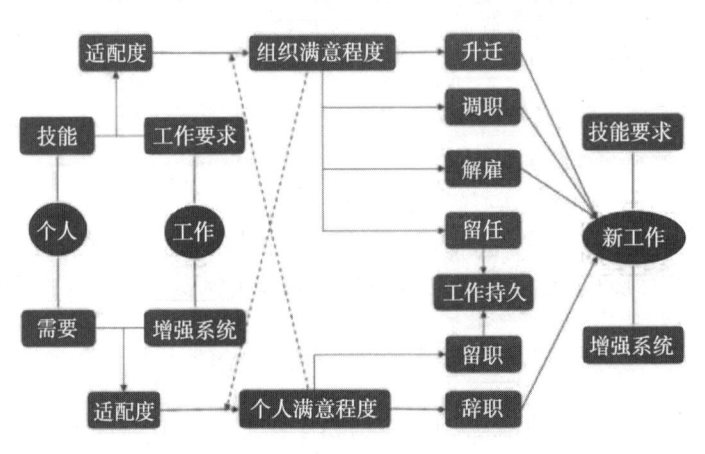

图1-1 明尼苏达工作适应论

第四节　大学生活与个人职业生涯发展

大学生活有着丰富的内涵,它包括学术生活、社区生活、课余休闲、文化生活等多个方面,学生在大学这个特定的环境氛围中,通过丰富多彩的大学生活认识自己、完善自己、发展自己,在这里学会学习、学会做人、学会生活、学会合作、学习掌握基本的理论技能和培养独立的生活能力,为终身学习和职业发展奠定坚实的基础。

一、生涯意识对大学生活的重要意义

一个人的职业生涯是一个漫长的过程。很遗憾的是,现今很多大学毕业生直到找到第一份工作为止,并没有很明确的职业生涯发展意识,更不用说做一份完整的职业生涯规划了。在大学期间,大学生对自己的发展规划并不明确,不能运用职业设计理论,规划未来的工作与人生发展方向,这种情况严重影响了学生的提前准备和准确定位,甚至影响对工作的适应性,导致的后果就是找工作随意,目的性不强,哪儿热闹往哪儿挤。到了企业以后喜欢怨天尤人,对将要遭遇的种种困难没有心理准备,工作流动性大,这对个人和企业的长远发展都十分不利。

学生找到满意的工作,决胜点在于长期点滴的积累,有很多同学找工作之前会突击拿一些证书,有的同学自卑没有骄人的成绩,其实,这些并不可怕,令人担忧的是大学生对自己发展没有规划,没有形成自己的核心竞争力,须知真正的"内功"才是最后面试成功的关键所在。而这种"内功"是需要认真规划的。

二、生涯意识对未来成长的重要作用

(一)使大学生明确奋斗目标

学生在经过自己认真选择的职业岗位上工作,利用自己的特长和优势努力创造业绩,取得成功,实现人生理想。在这样的职业岗位上工作,学生将会产生一种发自内心的满足感,他们会在自己的工作岗位上展示自己的人生价值,为社会做出应有的贡献。

(二)增强大学生未来发展的计划性

好的计划是成功的开始,凡事"预则立,不预则废",职业生涯规划帮助我们解决"我想干什么"和"我能干什么"的问题,通过对内外环境的分析,帮助大学生了解自己的性格、能力、兴趣。了解想从事行业的特性、所需要的能力、工作的内容、发展的前景、薪资待遇等,由此可以使自己把理想与现实的努力结合起来,明确自己的职业方向,脚踏实地地学习与工作。

(三)增强大学生的职业竞争力

职业生涯规划是终身教育的一种形式。它是以素质教育为基础的。素质教育又是面向全体学生的教育,要求教师尊重学生的个性,承认学生个人的兴趣和志向的多样性和差异性,创造性地开展教育活动,充分挖掘其潜能使每一个学生都能自主地、生动活泼地学习,促进学生全面发展。因此,职业生涯规划既要注重发展学生完美的个性,培养创新精神,又要注重把个性发展与社会需求有机结合起来。通过职业生涯规划,可以使学生更加理智地认识自己、认识社会,使自己的人格不断完善,谋求自身发展,适应社会发展的需求,最终实现个人价值。

一份行之有效的职业生涯规划将会:

(1)引导大学生正确认识自身的个性特质、现有与潜在的资源优势,帮助大学生重新对自己的价值进行定位并使其持续增值。

(2)引导大学生对自己的综合优势与劣势进行对比分析。

(3)使大学生学会如何运用科学的方法采取可行的步骤与措施,不断增强大学生的职业竞争力,实现自己的职业目标与理想。

三、学业与职业发展的关系

大学生的学业是指在高等教育阶段进行以学习为主的一切活动,是广义的学习阶段。它不仅包括科学文化知识的学习,还包括思想、政治、道德、业务、科研、组织管理能力及创新能力等的学习。

(一)树立正确的学业观

所谓学业观就是对所学专业、课业的态度和认识,它在很大程度上影响着大学生们的学习、生活乃至人生前景。树立正确的学业观,首先就要明确读书不是为了父母或老师,而是为自己,是为了以后能在当今这样一个充满竞争的社会里顽强地生存下去。更深层次可以理解为,读书是为了建设祖国,使祖国繁荣昌盛。

(二)职业发展从学业规划开始

做好学业规划对于大学生来说尤为重要,其中,提前规划学业主要的优势有以下四点。

(1)做好学业规划能增强自我约束力和自我管理能力。

自我约束力和自我管理能力是指大学生依靠主观能动性,按照社会目标,有意识、有目的地对自己的思想、行为进行转化控制的能力。这种能力无论对于个人还是社会都是十分重要的。学业规划能让我们明白现在做的每一点都是实现未来目标的一部分,从而重视现在,把握现在,集中时间、精力和资源学好学业。

(2)做好学业规划能增强生活与学习的主动性。

学会运用科学有效的方法,采取切实可行的步骤和措施,不断增强自己的学业竞争力,实现学业目标与职业理想。很多同学从高中进入大学,比较迫切地想要改变以往紧张的学习生活,把很多的精力放在了与学习无关的事情上,认为高考过后学习对于大学生不再重要。但事实并非如此。从大一开始,同学们就应该认清自己的学习发展方向,并在大学期间为自己的目标努力,而不是到大四快毕业了,才开始想自己到底想要干什么。生活与学习的主动性与效果之间存在着相互制约的关系。主动性能给我们提供动力,把原本复杂艰辛的活动变得具有吸引力,可以使我们以更好的状态去学习和生活。

(3)做好学业规划能促使大学生积极向上和自我完善。

好的学业规划为大学生提供了完成学业的清晰蓝图,使自己对学业的实现过程有了清晰透彻的认识,进而更有信心和勇气达到自我完善。

大学每个阶段的设计都应该指向最终的职业目标,每个年级的阶段目标和所做的事情,对我们的职业生涯目标而言,都应该是"有用的",因此,大学学业生涯规划的分层实施至关重要。

1. 大学一年级学业生涯特点与实施策略

(1)大学一年级上学期学业生涯特点与实施策略。

这个阶段,大学生虽然在角色上已经是大学生,但是在心理上仍属于高中,就其社会环境、社会地位、学习方式、生活方式来说,都发生了比较明显的变化。在这一转变过程中,大学生在心理上、思想上和行为上,往往产生诸多的不适应,表现为自主意识增强,但自理能力较差;自我期望很高,但自制能力较差;情感丰富,但较缺乏理智。该阶段学业生涯目标的特点是:学业生涯目标的确立多来自成长经历及外界的影响。目标高远,却显得空洞,或是目标渺茫,无所适从。

规划实施的策略:积极进行自我探索,分析高中时建立起来的职业生涯目标,发现问题并修正目标。完成从中学生到大学生的角色转变。端正认识,走出对大学认识的误区,认真、刻苦、努力地学习,树立明确具体的目标(比如拿奖学金、过英语四或六级、考研、出国等),并为实现自己的目标而不懈努力。虚心请教师兄师姐,积极建立新的人际关系圈。熟悉学校各项规章制度,保证好的学习成绩。参加学生社团、课外活动等,通过网络、杂志、校友、老师等渠道进一步了解专业方向。

(2)大学一年级下学期学业生涯特点与实施策略。

大学一年级下学期,这时的大学生已经有了上半学期的生活及学习经验和理解,并且对自我有了一定的认识,经过大学生活的亲身体验和学习,初步了解自己未来想从事的职业或与自己所学专业对口的职业,这一阶段的大学生已基本适应大学生活,通过参加班级和学校开展的各种活动,与高年级的同学尤其是大四的毕业生交流,询问就业情况,对自我的认识更加深入,学生的具体目标逐渐凸显出来。该阶段职业生涯目标的特点是:目标开始与自我性格、爱好、能力等相结合。

规划实施的策略:主要是要使学生加深对本专业的培养目标和就业方向的认识,开始自我和职业的探索,树立职业规划意识。增强大学生专业学习的自觉性,培养学生的专业学习目标,加强外语学习,为顺利通过四级考试做准备,学习计算机知识,运用计算机和网络辅助自己的学习,为可能的转专业、考研或获得双学位、留学计划做好资料收集及课程准备。了解和熟悉大学学习生活的特点,努力适应大学学习的方式方法,掌握大学学习的基本规律,为学业的进一步深化打下良好基础。

2. 大学二年级学业生涯特点与实施策略

(1)大学二年级上学期学业生涯特点与实施策略。

这一阶段的大学生经过一年的大学生活,已经完全适应,掌握了大学生活规律,建立了一定的人际关系,新环境的适应压力逐渐消退;这时的大学生开始真正从现实角度关注自己的成长,积极参加各种活动,主动进行能力提升训练;与此同时,大学生对于自己的性格、能力、优势、劣势、职业兴趣以及将来的职业方向、社会对各种人才的需求、社会经济与政治的发展、各职业发展的趋势等状况的探索更加积极和有实效,他们已经思考到职业的重要性,并积极行动,希望自己快速成长。该阶段职业生涯目标的特点是:目标的确立开始考虑社会需要与个人需要的结合,对未来职业发展方向定位处于迷茫阶段。

规划实施的策略:进一步进行自我探索,了解将来的就业环境及职业方向;了解社会政治、经济、文化发展状况及职业、职位状况;制订自己的职业生涯规划;参加校园文化活动、社会实践活动和兼职工作,并坚持到底,最好能在课余时间长时间从事与自己未来职业或本专业有关的工作,如参加学生科研工作,提高自己的责任感和学习主动性。

(2)大学二年级下学期学业生涯特点与实施策略。

大学二年级下学期阶段的大学生对于自我的认知和社会的认知达到了一定的水平,对大学环境已经熟悉和适应了,由于专业知识、社会知识的进一步深化,普遍存在着一种适应感和自信感,自我独立和自我表现的倾向开始突出,兴趣爱好开始向广度发展,思想更为活跃,对未来充满了憧憬,除课业学习以外,开始渴求通过多种渠道开拓新的知识领域和业余文化生活阵地。这一时期多数学生开始完成自我期望的价值定向,世界观、人生观基本形成。职业生涯发展方向进一步明确,逐渐找到了自我价值与社会价值的结合点,积极探求实现自我价值的有效途径。该阶段职业生涯目标的特点是:在长远规划的基础上更加具体和现实。有些学生职业生涯发展目标和个人价值开始清晰,职业生涯规划更加切合实际,更具有可操作性。

规划实施的策略:了解自己的职业兴趣,确定职业发展方向;发现自身职业竞争力的不足之处,制订职业竞争力提升计划;掌握就业相关的信息;完善大学职业生涯规划;增强英语口语表达能力和计算机应用能力,通过英语和计算机的相关考试,并开始有选择地辅修其他专业的知识充实自己;可以通过参加校园文化活动和社会实践活动,锻炼自己的各种能力,同时检验自己的知识技能,提高自己的受挫能力;除了掌握宽厚的基础知识和精深的专业知识外,还要拓宽专业知识面,掌握或了解与本专业相关、相近的若干专业知识和技术,并根据个人兴趣与能力修改个人的职业生涯规划。

3. 大学三年级学业生涯特点与实施策略

(1)大学三年级上学期学业生涯特点与实施策略。

大学三年级上学期是大学生全面拓展自身素质的重要阶段,是由基础课学习向专业课学习的过渡时期,也是大学生思想观念更趋成熟、职业理想进一步明确的时期。由于志向的不同出现了不同的生涯发展方向,这种不同使大学生活以后阶段的发展道路不同,继续深造的学生开始为考研备战,将志向确定为找工作的大学生则更加积极地参加各种活动,提高自己的就业竞争力,有些学生会到相关的单位进行职位实习。该阶段职业生涯目标的特点是:长远目标逐渐明确和坚定,近期目标更加具体。

规划实施的策略:进一步明确自己的职业方向,参加校园文化活动和社会实践。积极实现阶段性目标,参加实习、兼职、暑期工作、志愿者活动,获得工作经验,进行针对性能力训练。积极参加与专业技能相关的各种资格认证的考试,对于一些重要的职业资格证书,要根据自己的职业定向努力去获取,以增强自己在未来职业选择中的竞争力。

(2)大学三年级下学期学业生涯特点与实施策略。

大学三年级下学期,在学业方面,更加注重专业的发展、职业的定向,注重实践环节和各种实用技能的掌握,看重职业竞争力的提升。职业目标应更加具体化,并努力在校内外的实践中使自身的职业能力进一步得到强化和提高。该阶段职业生涯目标的特点是:这时的大学生开始进行全面的反思,重新建立更加切合社会现实的职业目标。学生参加各种活动更具目的性。职业生涯目标得到有效修正,修正后的目标进一步反映了个人理想与社会现实的结合。

规划实施的策略：积极寻求实现自己职业生涯发展的有效途径,掌握职业生涯评估方法和职业生涯目标修正方法,对职业生涯规划相关问题进行评估,发现问题,获得与职业生涯相关的工作经验。参加相应的能力提升训练,参加与专业有关的暑期实践工作。加强同已毕业的校友的联系,交流求职工作心得体会,学习写简历和求职信,加强了解搜集工作信息的渠道等。

4. 大学四年级学业生涯特点与实施策略

（1）大学四年级上学期学业生涯特点与实施策略。

大学四年级上学期,这一阶段的大学生通过前三年的专业理论学习和相关训练,掌握了一定的专业理论和专业技能,人际交往能力、思维能力、创新意识、团队精神都得到了相应提高。大部分学生的目标应该锁定在工作申请及成功就业上。这时的大学生会有意识地结合自己的情况进行理想职业目标的选择。该阶段职业生涯目标的特点是：目标更具有现实性和可操作性。

规划实施的策略：结合自己的职业实践和职业发展理想,寻找现实自我的理想职业之间的差距,参加快速提升训练,进一步了解社会及职位的发展变化,了解本届大学生就业的相关政策及相关程序。参加职业生涯相关的活动,了解就业指导中心提供的用人单位资料信息,强化求职技巧,进行模拟面试等训练,尽可能地让学生在准备得比较充分的情况下进行实践演练。学生充分利用学校提供的条件,做好求职择业的各项准备,在"双向选择"中实现成功就业。要积极参加各种就业培训,进行自我包装和推荐,广泛收集招聘信息,主动出击,抓紧时间即时择业、就业。

（2）大学四年级下学期学业生涯特点与实施策略。

大学四年级下学期,这一阶段是大学生由学校走向社会的转折阶段,也是大学生走向社会开始新生活的全面准备时期。大学生即将走入社会,真正开始进入自己的职业生涯,从职业生涯规划的层面而言,能否真正适应将来的工作及工作环境,尽快走向成功,成为每一位即将走入社会的大学生关心的问题。大学生希望通过最后的大学生活使自己更加完善。该阶段职业生涯目标的特点是：就业体现为职业素质的培养和训练。

规划实施的策略：了解就业及创业相关信息，参加相应的快速提升训练，通过各种渠道就业，推荐自己。与相关单位及个人建立稳定的关系，根据签约单位的文化与岗位的具体期待，有针对性地进行知识、技能、综合素质的补充训练。

四、大学生就业形势与前景

21世纪前20年是我国调整产业结构、转变经济增长方式的关键时期，又是逐步完善社会主义市场经济体制的关键时期，就业总量压力巨大。随着高校毕业生的逐年增加，大学生面临的就业竞争愈加激烈、就业形势日益严峻。

（一）大学生就业形势分析

近年来，全国高校毕业生人数屡创新高，其就业形势却不容乐观。再加上出国留学回来及没有找到工作的往届毕业生，大学生同时竞争的现象十分严重。

1. 大学毕业生就业人数一路增长

媒体上频繁出现"史上最难就业年"、"史上更难就业年"的报道，那么我国大学毕业生的体就业形势究竟如何呢？

近些年，高校的持续扩招使高校毕业人数逐年递增，毕业生供需矛盾突出成为大学生就业时面临的严峻问题。2001年突破100万，2004年突破200万，2005年突破300万，2007年突破400万，2008年突破500万，2011年突破600万，2016年突破700万，2017年795万……这是新世纪以来全国普通高校毕业生的一组关键数字。2017年大学生就业形势依然严峻。由于高校毕业生数量逐年增长，加上金融危机和国际经济环境的影响，毕业生的就业形势日趋严峻，就业竞争不断加剧，大学生就业难的问题越来越突出,成为家庭、学校、社会关注的焦点。

2. 应届毕业生不受青睐

近年来,部分企业出于工作效率及员工培训成本等方面的考虑,很少招收应届毕业生。其原因有二:一方面,应届毕业生工作经验不足,无法独立完成工作,需花费较高的培训成本;另一方面,应届大学生的工作心态不稳定,频繁跳槽,流失率高,可能给企业带来损失。

3. 岗位供给不平衡

在大学生就业市场中,你是否留意到这样的一种现象:一方面,部分大学生求职困难,另外一方面,很多需要人才的地方和单位又招不到合适的人。这种现象是由于我国区域发展不平衡、城乡发展不平衡的原因造成的结构性矛盾,导致了岗位供给的不平衡现象。例如,理工与文史类专业的岗位供给与毕业生数量不平衡;国企、民企的岗位与应聘人数不平衡;大城市与小城市的就业机会和待遇不平衡。等。实际上,整个社会对于大学生的需求量仍然很大,只是出现了社会需求不平衡的现象。

(1)热门专业人才过剩。很多大学生在入学选择专业时,往往热衷于高薪行业的相关专业,这就造成这些热门专业的学生数量增多。同时,一些具有专业特色的高校为追求综合发展,纷纷开设热门专业,使得热门专业的人才供大于求。而一些高校部分专业的教学资源不足,教师水平有限,造成这些热门专业的学生知识技能不精,缺乏市场竞争力,从而无法在热门行业中脱颖而出,求得理想的职业。

(2)就业机会不均等。当前,大学生是通过"自主择业""竞争择业"等途径来实现自身就业的。由于就业市场的法律法规尚不完善,而"自主择业"又存在着激烈的竞争,一些地区的"关系就业"成了普遍存在的现象。这干扰了就业市场"公平、平等、竞争、择优"的原则,造成虽然具有同等教育程度,但就业机会却常常因为家庭、经济背景、地域的差异和名校效应而大有不同的现象。

此外,就业市场中的性别歧视也一直存在。尽管我国《劳动法》明确规定"妇女享有与男子平等的就业权利",但实际上,很多优秀的女大学生通过降低自己的就业期望值获取的就业岗位与男生在岗位层次上还是存在着一定的差异,工资待遇与男生相比普遍较低,甚至出现了"同工不同酬",女生遭遇拒绝、冷落等歧视现象。据有关资料显示,80%的女大学生在求职过程中遭遇性别歧视,有34.3%女生有过因性别原因被拒的经历。还有一项来自厦门大学叶文教授的调查显示,在相同的条件下,女大学毕业生的就业机会只有男大学毕业生的87.7%。

我们在网上随手点开一些招聘信息中发现的类似于以下条款的招聘信息俯拾皆是。据不完全统计,我国90%以上的招聘信息均含有就业歧视条款。在选拔人才的其他环节上,用人单位对学历、身高、相貌等进行限制歧视的事件,更是数不胜数。

4. 大学生的就业优惠政策增多

近年来,国家针对大学生就业的优惠政策不断加强,每年国家部委都会针对大学生就业出台一些新的政策规定。很多往年已有的政策要么是力度进一步加大,要么是得到了具体和细化,而且还有很多新的政策出台。比如,解决社会保障、档案户口、人员编制等各类实际问题的基础性政策,还有一些引导性的政策。比如,部属高校应届毕业生如果到中西部、艰苦边远地区基层单位服务3年以上,其学费就由国家补偿。除此之外,地方的就业部门也在努力为毕业生创造更多的便利条件,高校自然更是开足马力保证毕业生的就业工作顺利开展。

5. 大学生自身在求职就业过程中表现出与社会实际不合拍的现象

大学生所处的年龄阶段决定了其在阅历、观念等方面有一定的局限性,这使得大学生在求职就业过程中表现出种种与社会实际不合拍的现象,这是大学生面临就业所无法回避的问题。

(1)安于舒适,不愿到艰苦的地方就业。有些大学生出生在比较富裕的家庭,家庭经济收入比较稳定,因而社会交际面相对比较广泛,有一定的社会基础。学生本人在社会上经风沐雨的机会少,在意志上往往表现出脆弱、胆怯,在行动上往往表现为只愿去舒适、优越的岗位就业,宁肯待业,也不愿意到艰苦、单调的岗位就业。

(2)心境浮躁,行动盲从。有些大学生入校时成绩平平,学习中虽然努力拼搏,但专业成绩并不突出。通过几年的大学生活,虽然具备一些特长,但却有些华而不实。因此,当他们步入社会,寻求职业时,就会表现出心境浮躁,不确定自己的择业方向与发展目标,甚至对前途感到迷茫,一时不知所措,因而频繁更换职业。

(3)期望不合时宜。有些大学生就业前很少接触社会,他们认为自己历经"十年寒窗",有知识、有能力、懂技术,择业时明显表现为热衷寻找较为稳定、经济收入较高、地域条件较好、环境舒适的"实惠"企业,而事实上,他们的知识技能还远不能达到所期望职业的现实要求,因此出现"高不成,低不就"的现象。

(4)过分强调专业对口。有些大学生对自己所学的专业情有独钟,认为父母全力以赴地供养自己上了大学,就是为了学习心仪的专业。他们通常狭隘地认为职业必须与所学的专业对口,过分地强调学以致用。具体表现为寻找职业时优先考虑是否与所学专业对口,择业局限性大,因而往往遭遇失败;若从事职业与专业不对口,就觉得不理想、不踏实,上岗缺乏干劲,有投错"佛门"的感觉。

(二)新时期大学生就业前景

当前,大学生就业出现了一些值得注意的动向,研究这些动向、采取积极的策略,将会促进大学生就业工作的开展,有利于大

第一章 梦想起航：大学生职业生涯规划认知

学生更好地培养自己。

1. 就业短期化成为趋势

一次就业终生在岗，这是计划经济时代人们的思维定势。但在现代社会中，由于人们思想的进步，社会中，一辈子做一份工作的概率大大降低。一方面，劳动力过剩，一方面大学生就业结构失衡，造成双向选择力度加大。用工企业优中选优无可非议，大学生找不到工作暂时性地选择并不适合的岗位就业在所难免。

面对一份只是为了缓解就业压力，并不完全符合自己兴趣、性格的职业，许多毕业生将其作为一个跳板，一个暂时的避风港。在工作一段时间产生不适应后，频频跳槽，"先就业后择业"的隐忧也凸显出来。应届大学生在用人单位的成活率很低，大部分应届毕业生工作一段时间后很快便流失了。为了克服这一问题，很多企业采用两阶段雇用模式，普遍采用延长试用期的方式，从而对应聘者进行全面考察，竞争上岗，以便留住既有高素质又有高忠诚度的员工。

伴随着双向选择的深化，一次性就业成为历史的遗迹，短期就业和多次就业会成为就业主流脉象，跳槽成为职业选择中的一个常用名词。

在这种大趋势下，我们采取的对策建议应该是：

第一，先融入社会，积累资源，为更适合的工作做准备。面对越来越大的就业压力和择业难度，马上找到一份心仪的工作难上加难，况且，很多专业的学生不能一步到位。考虑到融入社会，接触实践是大学生成长的一个必要阶段，专家们提倡"骑马找马"。或者找一份与理想岗位相近的工作，积累经验；或者找一份与理想职业毫不相干的工作，蓄势待发；或者找一份南辕北辙的差事，不做"啃老族"。当然，高校为了追求就业率这块"金字招牌"也为学生的"饥不择食"推波助澜，其结果是不少学生在并不清楚单位究竟是否真正适合自己的情况下，只好无奈地先进去再说。

上述主客观方面的因素致使应届大学毕业生"先就业、再择业"的意识增强,临时就业者比例有增长的势头。"骑马找马"作为一个权宜之计具有一定的积极意义。毕竟,大学生走出校门,最好先找份工作,养活自己,在这个世界上自立地生活下来,然后再做打算。我们应趁这一机会积累工作经验,弥补个人经历不足,将现在的工作视为今后职业生涯的跳板。当然我们不应该频繁跳槽,有的人工作才几年,可跳槽已经很多次了,他们今天干技术,明天干销售、后天去创业,到后来又想回来做技术,最后也不知道自己究竟想干什么,适合干什么,导致多年工作经历与经验既没有连续性也没有累积和递增效果。

　　第二,清晰定位,慎重抉择,不随意改变自己的目标。对于一个企业而言,需要的是对自己有清晰定位的人才,"骑马找马",先就业再择业造成的员工流动,已成为企业最不确定的风险。

　　有的企业常常是一年换几波人马,造成了大量的损失。我们发现,临近毕业的大学生十分浮躁,课没心思上,论文没心思写,实习没心思去,惶惶不可终日。浮躁的心往往让我们无法明确地了解自己,容易造成眼高手低的局面。有的大学生都毕业好多年了,在职场上还没定位清晰,频繁跳槽,越干越心虚,越干越没劲,没有核心竞争力,更没有练就一个"长期吃饭"的"手艺";有的人找工作时缺乏目标和规划,跟着感觉走,等进入到某个领域才发现空间有限或前景不乐观,抑或工作内容与性质不喜欢,导致自己有抱负实现不了,有能力发挥不出来,在郁闷与纠结中度过超过 50% 的人生⋯⋯所以,我们一定要冷静定位,清晰地了解自己。有了对自己清晰的定位,在遇到问题的时候就能保持冷静的头脑,就不会因为外界干扰去轻易改变自己的原始目标。如果你有了目标,你就能排除一切干扰,全力以赴去做一件事情。

　　2. 工作态度胜于专业技能

　　在企业招聘员工时,一个重要的趋势是企业在考察知识、能力之外更重视考察工作态度、学习能力、文化适应等内容,特别是工作态度。为什么会出现这种情况呢?在现代企业的竞争中,越来越多的企业认识到企业最需要有责任感的人才。

海尔CEO张瑞敏有一段精练概括:"想干与不想干,是有没有责任感的问题,是德的问题;会干与不会干,是才的问题。"其实,不会干不要紧,只要想干,就可以通过学习、钻研、努力达到会干;会干,但不想干,工作肯定做不好。

企业最希望拥有能够胜任工作的人。胜任所代表的不仅是能力,更重要的是道德、人品、责任感、积极性、进取心等职业素养。

大学生在求职中,企业的要求往往是能力重于态度。一个刚参加工作的女大学生,在试用期里每天都自觉地认真打扫公司的车间走道,日复一日,其枯燥与单调可想而知。当有人问她:是什么动力能支持着她可以这样天天坚持?姑娘淡淡地回答:"既然大家都认为这么做很好,那就好好地把它做好。"就这么一件简单的卫生清扫工作,从她的态度里,反映了一个新人对工作高度的责任感。而当这种责任感变成一种习惯、一种常态,这样的新人就更让人敬重了。

我们发现,许多招聘的人力资源部门十分重视人的工作责任心和工作态度。作为大学生,有了好的态度,才会发愤图强,去实现自己设定的一个又一个小目标、大目标。个人的态度不是天生就有的,态度是在长期的生活环境、教育和社会实践中逐渐形成的,是一个从无到有、从简单到复杂、从不稳定到稳定的过程。无论从个人成长的角度还是就业形势的要求,我们都应该在学校中培养自己良好的工作态度。态度是一种观念,更是一种行动。如果没有好的工作态度,你一定不会成为人才,即使你今天是人才,明天未必是人才。

3. 就业困惑与结构性失业

结构性失业,即指尽管劳动市场有职位空缺,但人们因为没有所需的技能,或者不愿意从事该项工作,结果继续失业,也就是由于劳动力的供给和需求不匹配而造成的失业。据资料统计,很多企业招不到合适的人,又有很多的毕业生找不到合适的工作。

由于就业态度不端正,人岗匹配意识不强,大学生往往对自已没有一个准确的定位,往往从世俗的观念出发,更多地考虑所谓的职业声望。抱着"皇帝的女儿不愁嫁"的心态,"高不成低不就"。最终导致结构性失业。

这里,职业生涯规划不够的问题逐步凸显出来。在一个需要终生寻求就业的时代,个体越来越倾向于通过对人生的主动设计和主动管理来保证自已生活的高品质。在国外,几乎没有大学生不去接受就业、职场的专业辅导。接受这样的指导,会让自己的人生规划变得更加合理、科学和可更具操作性,更符合社会的趋势与潮流,从而保证自己的人生规划与社会需求不会发生错位。而在我国,职业生涯规划的理念还不够普及,人们还不善于拿起这个武器,去开发属于自己的新天地。

4. 自主创业开始被更多的大学生选择

自主创业已是大学毕业生青睐的又一出路,同时也成为在校生的关注热点。创业,是一个很诱人的字眼,其过程则是一个艰苦的探索。在就业形势更加严峻的今天,它已经成为了一种新的选择。在大学生面前,另一条成长成才之路正向我们面前延伸。应该说,当代大学生的创业以及学校开展的创业教育,不仅是一种大学毕业生择业观的改变,更是大学能力教育的新层次;不仅是鼓励学生单纯地去创业,更是着重于培养学生的创业精神与创业能力。它的精神意义是深远的,它的魅力也是巨大的。创业能力的培养,创业精神的塑造,使大学毕业生面对全球一体化不断出现的棘手危机能够超越传统,更好地去面对人生里的各种机遇与挑战、各种成功与失败。实际上,人生就是一笔最巨大的"产业",每个人都是一座金矿,如何更好地开发它,挖掘出当代大学生的精神潜能,才是创业教育最重要的现实意义。

树立新的就业理念,是逐步走出就业难困境的一个办法。在今后一个时期,大学生在职业选择方面将会有更大的决定权。基本走向是政府从就业市场的主导位置上逐步后撤,将以宏观调控为主要手段,逐步形成国家调控,社会及学校积极参与,毕业生成为就业最终的主体的新格局。从国外的情况看,学校是一个提高素质和知识的地方,能不能找到工作可能更多的是学生自己的事情。这种自己主导的意识将会促进大学生进一步的自我探索,促进真正意义上的"人岗匹配"。就业培训也将会从学校独自承担过渡到由学校、社会共同完成,职前教育和生涯管理培训将掀起一个新的热潮。

第二章　自我探索：大学生自我认知

在我们已经经历的生命历程中，我们曾面对了各种不幸、挫折、失败、困难，我们为此感到懊丧、后悔、羞愧。实际上，这些不幸、挫折的发生往往都是因为对"我是谁？""我要成为谁？""我能成为谁？"等问题没有进行足够深入的思考。"我是谁？"——这不仅影响着我们的选择，影响着我们和他人的交往，影响着我们和这个世界的关系，也直接决定了我们的生涯目标能否实现。

认识自我并不是简单地找出自己的优点和缺点，而是要深入地了解自己的需要，了解自己热爱的事物，了解自己的行为倾向，了解自己的过去如何影响着现在，了解自己如何为了未来而过好当下。只有进入你自己内心的深处甚至是潜意识的层面，你才能找到自己的痛苦之源，才能找到突破的方向，产生积极的改变，才能实现生涯的成长。

第一节　自我认知的内涵

一、关于"自我"

"自我"是我们所有经验感受的中心，也是我们对自己的存在感受。正是由于我们与他人、与社会的交往互动，才有了"我"与"非我"的区分，而"自我感"实际上是一种"投射到镜子中的自我"。自我的内涵十分丰富，此处主要介绍生理我、心理我、社会我，以及本我、自我与超我，并介绍探索自我的方法。

第二章 自我探索：大学生自我认知

(一)生理我、心理我、社会我

根据自我在生理、心理和社会属性上的区分,我们可将自我分为生理我、心理我、社会我。

生理我是个人与生俱来的一些特征,如性别、血型、外貌、身高、肤色、年龄等。比如,颜值较高、身材较好的男生和女生往往能得到较多的关注。外在的清秀、帅气能够给人带来愉悦的感受,一般情况下也往往能得到更多的机会。

但美并不局限于外在,内在的人格、精神的美往往更具有持续性。这就是自我的第二个层次,主要是人的心理状态,如性格、气质、兴趣、智力、能力、价值观等。心理我是相对稳定而又可以有意识地进行塑造的。心理我的状态、特质在一定程度上决定了我们生涯发展的方向。

社会我是自我的社会属性,在某种程度上社会我以一种差序格局的形式呈现,按照社会关系的亲疏而不断扩散,大体呈现为"血缘—亲缘—地缘—业缘"。当然,在目前社会流动性较大的情况下,这种排序也因人而异,并在不断地变化。

(二)本我、自我与超我

按照心理学大师弗洛伊德的精神分析理论,一个人的人格分为本我、自我和超我三个层次。其中,本我是人格结构中最为原始的部分,由人的基本需求和生存本能构成,并按照"趋利避害"的原则内在地推动个体的求生活动。自我是个体在后天现实环境中由本我分化发展而来的,并在现实情境中调控本我欲望和需求满足的途径。超我则是个体在社会交往中接受文化道德规范而逐渐形成的自我理想和道德感知,是人格中受管制最高的层次。

按照弗洛伊德的理解,超我居于上层,属于意识境界;本我归于下层,属于潜意识的境界;而自我则介于两者之间,对本我冲动和超我管制具有缓冲及调节的作用。从现实层面来看,我们大多数人实际上处于一个自我的状态,并且在社会交往中趋向于超我(如自觉排队买票、让座、搀扶摔倒的老年人等),在个体独居时趋向于本我(如宅在家中边玩游戏边吃薯条等垃圾食品)。

(三)杰哈特窗口理论

按照杰哈特窗口理论,根据"自己了解与否"和"别人了解与否"两个维度,我们可以将自我分为四个窗口,分别为公开我、隐私我、脊背我和潜在我。我们可以用图2-1、表2-1来展示和解释:

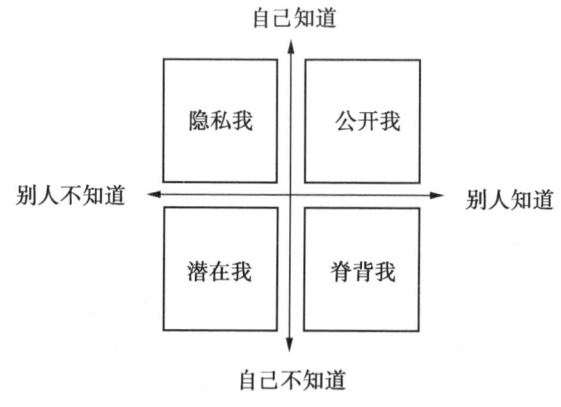

图 2-1 杰哈特窗口理论

表 2-1 杰哈特窗口理论中的四个自我

类别	特 征
公开我	自己了解、别人也了解的个人特质,也就是透明真实的自我,是主体我和客体我相统一的部分。如一个人的年龄、身高等生理特征,开朗等心理特征,家庭出身等社会特质
隐私我	自己了解、别人不了解的个人特质,也有可能是自己刻意隐藏起来的部分。如女性隐瞒自己的年龄、身高、体重,隐瞒是否进行了整形整容,在人群中刻意表现得很快乐等
脊背我	自己不了解但别人了解的个人特质。比如,自认为长得很漂亮,但在其他人看来其实很一般;自认为能力很强去自主创业,实际上在投资者看来不具备创业所需的素质和能力
潜在我	自己不了解、别人也不了解的个人特质,需要在交往和自省中进一步挖掘

二、认知你的"生理我"

每个人自一出生便具备了特定的外部特征、解剖结构和生理功能。其中,外部特征是指性别、身高、体重、相貌、肤色等,解剖结构是指各种器官是否健全或异常,生理功能是指各种系统功能的正常与否、有无疾病。身体的状况为我们的学习、生活和职业发展创造了必要的生理基础,但也影响着我们工作、生活的长度和广度。

在现实生活中,除军人、警察、演员、飞行员等特殊行业外,绝大多数的职业对生理并没有严格的要求。在绝大多数情况下,生理我也是基本恒定的,但随着医学技术的发展,我们也可以根据个人的意愿进行微调(如整形、疾病治疗等)。

三、认知你的"社会我"

"社会我"是我们个体身上所特定的社会属性和社会关系,主要包括个体的家庭关系、社会角色关系等。

在这一部分,我们重点探索处于社会关系中的自我认知问题和个体发展的首要社会关系——家庭,所依托的工具为360度评估法和家族职业树法。

四、认知你的"心理我"

从心理学的角度看,"心理我"对我们学习、职业和生涯的影响最为深远,可以说是决定性的因素。

从生涯管理的规律看,我们一般从四个方面对"心理我"进行测评(见表2-2)。

表2-2 对"心理我"的测评

项目	内 涵	测评工具
职业人格	一个人所具有的稳定的心理特征,包括气质、态度、情绪、性格等。其中,我们主要对性格进行测评	MBTI
职业兴趣	反映一个人特定的职业偏好,是人们爱做的事、想做的事、做了就感到快乐的事,是选择职业的重要依据	霍兰德职业性向测试

续表

项目	内　涵	测评工具
职业能力	是一个人顺利完成某项工作的心理特性,是成功地做事情的潜能,并具有一定的稳定性	24类能力测试
职业价值观	是一个人的价值观在职业方面的体现,反映其对某一特定职业的根本态度和看法	价值观拍卖、舒伯价值观量表

第二节　性格探索——人格类型与职业探索的关系

"江山易改,本性难移",性格有时会让人不知不觉地走入困境,性格有时又会使人顺利而较轻松地走向辉煌的成功。修炼是如何改善性格,而不是改造性格。进一步看清自己的性格,做自己的好朋友;看清对方,做到真正的理解和宽容——实际上,成长的魅力从这里就已经开始了。

《资治通鉴》第六卷中,秦孝文王元年(前250),有对话如下:魏安王问天下之高士于子顺,子顺曰:"世无其人也;抑可以为次,其鲁仲连乎!"王曰:"鲁仲连强作之者,非体自然也。"子顺曰:"人皆作之。作之不止,乃成君子;作之不变,习与体成,则自然也。"翻译过来就是:魏国国君安王魏圉向孔斌询问谁是天下高士。孔斌说:"世上没有这种人。如果说可以有次一等的,那么这个人就是鲁仲连了!"安王说:"鲁仲连是强求自己这样做的,而不是他本性的自然流露。"孔斌说:"人都是要强求自己去做一些事情的。假如这样不停地做下去,便会成为君子;始终不变地这样做,习惯与本性渐渐相融合,也就成为自然的了。"这种以外养内的手法,是通过外在的行为习惯转变从而影响内心。对于其他性格的修炼而言,大可以借鉴。道理其实如古人所云:"无忧而戚,忧必及之;无庆而欢,乐必随之。"就是指没有忧虑却心情悲伤,那么忧愁一定很快到来;没有快乐的事却莫名其妙地突然欢喜起来,那么快乐也会马上降临。故此,在修炼手法上,以外养内是可行的。把修炼运用到实践中去,在实践中摸索性格色彩的修炼方法,从而可以真正地修炼自身性格。

一、职业性格类型

(一)动力倾向

动力倾向是表示个体心理能量的获得途径和与外界相互作用的方式。

外倾 Extroversion(E)。倾向于将注意力和精力投注在客体,即从外部世界的人、事与环境中获得支持,并依赖于外在环境中发生的信息变化,需要通过实践经历来了解世界。

内倾 Introversion(I)。倾向于将注意力和精力集中于自我的内心世界,从对思想、回忆和情感的反思中获得动力,看重发生的事件的概念、意义等,其活动多为主观世界的思考。

(二)信息收集方式

信息收集方式表示个体在收集信息时注意的指向。

感觉 Sensing(S)。倾向于通过各种感官来获取信息,关注事实本身,即"是什么",注重细节和现实的、直接的、有形有据的信息与事实,擅长记忆,相信经验,习惯于照章办事,对应实践学习者,更注重实际应用。

直觉 Intuition(N)。倾向于通过想象、"第六感"等超越感觉的方式获取信息关注的是事件的各种可能性及其背后隐含的意义、关系与理论,即"可能是什么",习惯于变化、突破,对应理论学习者,更关注对理论的理解与解释。

(三)决策方式

决策方式是指个体做决定和下结论的方式。

思维 Thinking(T)。依据对情境客观的而非主观逻辑分析来做决定,跳出情境之外,对客观事实的正反两方面进行分析,注重因果关系并寻求一种能应用于相似情境的客观尺度或标准原则。

情感 Feeling（F）。依据自己的价值来做决定，往往会置换到情境中的各个相关立场上思考，会考虑对自己和他人来说什么是重要的，比较关注决策可能给他人带来的情绪影响，也有理性思考的成分，但会变通地贯彻规章制度，寻求和谐。

（四）生活方式

生活方式主要反映的是个体对生活的态度。

判断 Judging（J）。喜欢有计划、井然有序的生活，在处事风格上目的性较强，行为有组织性和系统性，喜欢控制事态、解决问题，决策较为果断，对生活通常比较有规划、有条理。

知觉 Perceiving（P）。喜欢以一种灵活、随意的方式生活，好奇心强，愿意对新的信息和选择保持开放性，让事情自然地变化，更愿意去体验和理解生活，希望获得更多信息再作决断。

由这四个维度的八个指向，我们可以总结出 16 种性格类型。为了让同学们有更深入的了解，我们将各种类型的优势、劣势以及对应的职业方向整理如表 2-3 所示。

表 2-3　MBTI 16 种职业性格类型的优劣势及对应职业

性格类型	优劣势	对应职业
ESTJ 型外倾感觉思维判断	优势：非常务实，对既定目标坚忍不拔；善于了解并重视集体的目标；天生的组织者，擅长做出客观的决定；在推销或谈判时非常有说服力，非常坚定；善于看到工作中不合逻辑、不协调、不切合实际的和无效的部分。 劣势：对不遵守程序或对重要细节不重视的人可能会缺乏耐心；不能忍受没有效率的工作；当他们追求目标时，总喜欢凌驾于他人之上；对当前不存在的可能性没有兴趣；不能虚心听取反对意见；有时会粗暴无礼。	企业管理者、军官、工程预算师、药剂师、保险经纪人、房产经纪人
ESFJ 型外倾感觉情感判断	优势：他们是很好的合作者，能够与别人建立友好且和谐的关系；不论工作还是消遣，他们都愿意为团体尽自己的力量；工作勤奋，富有效率；认真、忠诚，乐于遵守各种规章制度；善于组织，能够记住并利用各种事实。 劣势：对批评过于敏感，在紧张的工作环境中容易感受压力；没有得到表扬和欣赏时会变得失望、泄气；做决定过快，不考察其他的选择；不能寻找新的方法解决问题；可能会固执己见，甚至是僵硬死板。	零售商、护士、运动教练、餐饮业管理、旅游管理

第二章 自我探索：大学生自我认知

续表

性格类型	优劣势	对应职业
ENFJ型 外倾 直觉 情感 判断	优势：能够促进和谐、建立合作关系；尊重各种不同意见；能够成为出色的公共演说者，促进群体讨论；果断而有条理；天生的领导者。 劣势：倾向于把人理想化；过快地做决定；不善处理冲突，不善于清除表面掩益下的问题；可能过于个人化地对待批评；可能不注意实际的精确性。	广告客户管理、杂志编辑、电视制片人、市场专员、作家、社会工作者
ENTJ型 外倾 直觉 思维 判断	优势：有远见的领导者；在有机会晋升到最高职位的机构中能够出色地工作；雄心勃勃，工作勤奋，诚实而直率；善于处理复杂而要求创造性的问题，能够做出合乎逻辑的决定；能够时刻牢记长期和短期的目标。 劣势：爱发号施令，挑剔、严厉；工作至上而忽视生活的其他方面；可能因急于做出决定而忽视有关的事实和重要细节；可能不会表示鼓励和赞扬；可能不要求或允许别人提供建议和帮助。	公司首席执行官、管理咨询顾问、政治家、教育咨询顾问、投资顾问、法官
ESTP型 外倾 感觉 思维 知觉	优势：观察力强，对于事实信息有着出色的记忆力；能够看出什么是需要做的事情，对于完成事情所必需的事项怀有现实的态度；乐于推销和洽谈；对于不同类型的人有很好的适应性；擅长创造性的工作，天生的创业者。 劣势：不能看到行为的长期影响；对于他人的情感可能显得迟钝和不敏感；对于规则和章程很容易感到受约束；经常不能容忍行政性的细节和程序。	企业家、股票经纪人、保险经纪人、土木工程师、旅游管理、电子游戏开发、房产开发商
ESFP型 外倾 感觉 情感 知觉	优势：现实，脚踏实地，有很强的判断力；喜欢积极地工作，对变化和种类的适应性较强；在工作中能营造生动、愉悦的氛围；在面对面或电话中，极善交谈；能调动用户和员工的情感。 劣势：不善于提前计划和察觉行动预兆；易冲动发脾气和焦躁不安；即使在很短的时间内，独自工作都成问题；规范自己和别人时总不能达到要求；可能对不相关的事务和言外之意悟性不足。	幼教老师、公共关系专员、职业规划咨询师、促销员、演员、海洋生物学家、销售人员
ENFP型 外倾 直觉 情感 知觉	优势：富于创新的思考，好的问题解决者；能够把他们的天赋与别人的兴趣和能力结合起来；能够在任何使他们感兴趣的领域中成功；善于赋予合适的人以合适的位置/任务；能以富有感染力的热诚和精力激励他人。 劣势：可能不是很有条理或不善于分清主次顺序；在工作细节的完成上有一些困难；可能感到厌倦并易于偏离正道；通常不喜欢任何重复或例行的事务；独自工作时效率通常较低。	管理咨询顾问、演员、平面设计师、艺术指导、公司团队培训师、心理学家、人力资源管理

续表

性格类型	优劣势	对应职业
ENTP型 外倾 直觉 思维 知觉	优势：运用天才的独创能力和现场发挥的能力去解决问题；在连续的、充满刺激的工作中表现最出色；能成为充满趣味的、激励人心的公众演说家；擅长创新和客观公正的分析；自信只要想做，什么都能做到。 劣势：当创造性的问题解决后，便对项目失去兴趣；不能做具体的细节性工作，不能贯彻始终；不喜欢例行的、单调重复的工作，坚持以自己固有的方式办事；经常打断别人说话，可能会由于过分自信而影响他们的能力；可能会是不可靠，不负责任的。	企业家、投资银行家、广告创意总监、文案人员、电视主持人、演员、大学校长
ISTJ型 内倾 感觉 思维 判断	优势：所有的工作都完成得准确细致；遵守既定的规则和程序；特别能够专心致志地工作，可以不需要别人的合作独立工作；是组织忠诚的维护者、支持者；情绪稳定，可以依靠，能够将工作自始至终贯彻到底。 劣势：对于改变后的工作环境适应性较差；见到实际应用后的结果才肯接受新观点；不喜欢变化，可能会有些僵硬、死板；不能理解和自己不同的要求；对自己给组织的贡献估计过低。	天文学家、数据库管理员、会计、房产经纪人、侦探、行政管理人员
ISFJ型 内倾 感觉 情感 判断	优势：拥有极大的工作热情，认真负责，工作努力；对要有顺序的、重复的常规程序和任务有出色的表现；细致、全面，注重细节；喜欢为别人服务，支持同事、下属的工作；喜欢用常规方法做事，尊重有头衔的人。 劣势：低估自身价值；对自己的需求不果断；经常由于兼顾太多而超负荷工作；看不见将来后果的征兆；对突然的变化缺乏适应能力；如被认为不需要或不被欣赏，会感到灰心。	内科医生、营养师、室内装潢设计师、客服专员、财务专员、特殊教育教师、酒店管理人员
INFJ型 内倾 直觉 情感 判断	优势：善于发现问题的替代性解决方法和创造性方法；能够理解复杂的概念；能促进人与人之间的和谐一致；有说服力的领导，致力于实现所信仰的东西；乐于帮助他人发展。 劣势：可能不够灵活，思维单一；想法可能缺乏实际可能性；可能过于追求尽善尽美，过分独立于合作工作；交流方式可能太复杂，令他人不易理解。	特殊教育教师、建筑设计师、职业咨询师、心理咨询师、网站编辑、作家、仲裁调解人
INTJ型 内倾 直觉 思维 判断	优势：富于想象，善于创造体系；乐于迎接、创造新的智力挑战；擅长理论和技术分析以及逻辑地解决问题；可以单独做好工作，甚至面对反对的时候也能坚决果断；能理解复杂而困难的事务。 劣势：创造性的问题解决之后可能会对工作项目丧失兴趣；督促他人工作就像督促自己一样严格；可能不太容易和那些他们认为能力不如自己的人共同工作；可能因太过于独立而不能适应合作的环境；对于别人的想法可能不够灵活而显得固执。	知识产权律师、设计工程师、精神分析师、心脏病专家、媒体策划、网络管理员、建筑师

续表

性格类型	优劣势	对应职业
ISTP型 内倾 感觉 思维 知觉	优势：会做好切实的任务和产品；能使杂乱的资料和难以分辨的材料有序化；通常喜欢手工活和掌握工具的用法；通常喜欢一个人工作或者与尊重的人相配合；有效区分和使用手边的资源。 劣势：缺乏语言交际的能力和兴趣；对抽象和复杂的理论很少有耐心；易疲劳，易产生厌倦感；对别人的需求和情感表现出无动于衷；起伏不定并不现实。	计算机程序员、警察、软件开发员、律师、消防员、私人侦探、药剂师
ISFP型 内倾 感觉 情感 知觉	优势：喜欢亲身参与，尤其是助人的职业；喜欢变化并能很好地适应新环境；意识到工作的重要性时，能够努力工作；对组织忠诚，能愉快地接受领导的命令；在积极支持的气氛中茁壮成长。 劣势：不考虑事件背后隐含的意思和动机，轻易地接纳别人的行为；除非限于眼前，否则看不到时机；易于把批评和否定回答看得很重；不喜欢提前准备，在时间安排上有困难；对过多的规则和官僚体制不适应。	客服专员、服装设计师、厨师、护士、牙医、旅游管理员
INFP型 内倾 直觉 情感 知觉	优势：乐于为他们认同的事业工作；擅长独立工作，能与他们尊重的人保持频繁而有意义的支持性的交流关系；忠于职守；从事他们所信仰的工作使他们振奋鼓舞；能够理解他人，愿意与他人单独交流。 劣势：制订计划时可能不够实际；想控制工作的进度，但如果控制力一旦丧失便会失去工作兴趣；如果工作没有向他们坚信的目标发展，他们可能会垂头丧气；可能不能灵活地对他们的看法进行必要的改变；在竞争的环境中工作会有困难。	心理学家、人力资源管理人员、翻译、社会工作者、图书管理员、服装设计师、编辑/网站设计师
INTP型 内倾 直觉 思维 知觉	优势：能够有远见地分析问题；具有创新性的思想；喜欢能够学到新知识、掌握新技能的环境；能一个人工作，并且全神贯注；擅长长远考虑。 劣势：某些观点的实施可能不现实；他们的思想、观点对别人来说过于复杂、难以理解；可能会丧失兴趣，不能亲身实施并贯彻到底；对琐碎的日常工作缺乏耐心；对别人的情感、批评和要求反应迟钝。	软件设计师、风险投资人、法律仲裁人、金融分析师、音乐家、知识产权律师、网站设计师

二、性格与职业的关系

职业性格是一个人对职业的稳定态度和在职业活动中习惯化了的行为方式所表现出来的个性心理特征，对个人的职业生涯规划有重要意义。

性格对职业生涯规划有重要的影响,基于以下原因:

(1)性格是个体人格中具有核心意义的部分,几乎涉及一个人的心理过程及个性特征的各个方面,与职业息息相关。

性格使一个人更加偏爱某一种而不是另一种环境,由于性格的不同,每个人在对不同环境的认知过程中,也表现出不同的个性化风格。从事与自己的性格不匹配的工作,个人的才能就会受到阻碍,会让你觉得整个工作状态都很"不对劲"。使一个人在某种职业中获得成功的性格,可能会让你在另一职业中大受挫折。因此在职业选择中,我们应尽可能充分考虑自己的个性特征与职业要求是否相适应,这样在工作中就能够满足你的独特欲望,能够发挥你特有的能力,还能利用你的个人资本,体验到更多的快乐和愉悦。

(2)在职业发展上,性格比能力重要。

用人单位在选人上逐渐认识到性格比能力重要。这种认识在国外已经相当普及。其原因是,如果一个人能力不足,可通过培训提高,但一个人的性格与职业或岗位不吻合,要改变起来,相当困难。所以,公司在招聘新人时,将性格的测试放在首位,当性格与职业或岗位吻合了,才对其能力进行测验考察。如果性格与职业或岗位不吻合,再高的学历,再高的能力,也不予录用。

(3)性格无所谓好坏,关键看是否放对了地方,每一类性格都有与之相适应的职业范围。

职业心理学的研究表明,不同的职业需要具有不同性格的从业者,某一类职业工作能够体现出某一类共同的职业性格。例如,敏感型的人,精神饱满,好动不好静,办事喜欢速战速决,但行为常有盲目性,有时情绪不稳定,这类人的职业范围包括运动员、营销人员及咨询员;情感型的人,感情丰富,喜怒哀乐溢于言表,不喜欢单调生活,爱刺激,爱感情用事,对新事物很有兴趣,这类人合适的职业范围包括演员、导游、活动家等;思考型的人善于思考,逻辑思维发达,有比较成熟的观点,生活、工作有规律,时间观念强,重视调查研究的精确性,但有时思想僵化,缺乏灵活性,这类人适合的职业范围包括工程师、教师、财务人员和数据处理人员等;想象型的人想象力丰富,憧憬未来,喜欢思考问题,有时行为刻板,不易合群,这类人合适的职业范围包括科学工作者、技术研究人员、艺术工作者和作家等,还有多种多样……我们不可能设想让一个性格暴烈的人去做公关、谈生意或做服务工作;让一个性格怯懦、柔弱的人去搞刑侦破案;让做事大大咧咧、马马虎虎的人去当医生或会计。

一些用人单位在选人时,都将性格测试放在首位。所以,职业指导一直强调性格在规划生涯中的重要地位。

三、自我性格探索

（一）当代青年的性格特点

1. 自主性

从儿童到成人的整个发展变化过程中,伴随着生理的成熟、语言的发展、抽象逻辑思维能力和控制自己行为能力的不断增强,人的性格也不断改变。然而,青年期既不同于儿童期,又不同于性格成熟的成人期,青年逐渐摆脱儿童期那种表面的对外部世界的肤浅认识,而将自己的注意力集中到发现自我上来。青年大学生开始自己观察、分析、思考、解决所面临的矛盾和冲突,他们喜欢用自己的眼光去看周围的世界,并作出自己的阐释,开始意识到自我的价值,承担起一定的社会责任,行为开始具有自主性、自觉性和能动性。

2. 过渡性

在现代社会,大学生正值青年中后期,面临着职业准备、婚姻选择、社会角色定位、人际关系拓展等各种问题。由于大学生从时空上脱离了对家庭的依附,身心和周围环境等因素的变化给其性格变化带来了很大影响,他们经常会提出这样的问题:"我到底是什么样的人？""我在别人眼中的形象如何？"等。他们不得不重新建立自己的形象，因此，青年时期是性格形成的过渡期。

3. 实践性

学校不可能是脱离社会的孤岛，学校与社会是相互渗透的。大学生可以利用这一阶段接触各种思想观念、价值体系、人生态度，在社会实践中体验内心的矛盾冲突和生活世界中的价值冲突，形成自己的人生观、价值观、世界观。

（二）培养与塑造良好的性格

1. 培养乐观的性格

生活如同一面镜子：你对它笑，它就对你笑；你对它哭，它也以哭脸示人。一个人快乐与否，不在于他处于何种境地，而在于他是否有一颗乐观的心。对于同一轮明月，柳永说："杨柳岸，晓风残月。此去经年，应是良辰好景虚设。"而苏轼却说："但愿人长久，千里共婵娟。"

同一轮明月，在不同心态的人眼里是不同的，人生也是如此。一个人如果心态积极，乐观地面对人生，那就成功了一半。井冈山斗争时期，面对极端悬殊的敌我力量对比，有人悲观了，怀疑"红旗到底能扛多久"，而毛泽东则充满信心地说："星星之火，可以燎原。"

既然乐观的性格如此重要，我们可以从以下几个方面努力培养。
（1）要心怀必胜、积极的想法。
（2）学会微笑，把"不可能"从你的字典里去掉。
（3）保持积极心态，抑制消极心态。

2. 培养宽容的性格

古希腊神话中有一位大英雄叫海格里斯，一天，他走在坎坷不平的山路上，发现脚边有个袋子似的东西很碍脚，于是踩了一脚,谁知那东西不但没有被踩破,反而膨胀起来,不断扩大着。海格里斯恼羞成怒,拿起一条碗口粗的木棒砸它,那东西竟然长大到把路都堵死了。此时,山中走出一位圣人,对海格里斯说:"朋友,快别动它,忘了它,离它远去吧!它叫仇恨袋,你不犯它,它便小如当初,你侵犯它,它就会膨胀起来,挡住你的路,与你敌对到底!"

人在茫茫人世间,难免与他人产生误会、摩擦,一定要记着宽容别人。宽容是一种艺术,宽容别人不是懦弱,更不是无奈的举措。在短暂的生命中学会宽容别人,能使生活平添许多快乐,使人生更有意义。学会宽容并没有想象中那么难,它体现在生活的很多细微之处。

3. 培养谦逊的性格

任何一门学问都是无穷无尽的海洋,谁也不能够认为自己已经达到了最高境界而止步不前、趾高气扬。如果是那样的话,则必将很快被同行赶上、被后人超过。曾经有人问牛顿:你获得成功的秘诀是什么?牛顿回答说:"假如我有一点微小的成就的话,没有其他秘诀,唯有勤奋而已。"他又说:"我之所以比别人望得更远些,是因为站在巨人的肩膀上。"晚年的牛顿总结自己:"在我自己看来,我不过就像一个在海滨玩耍的小孩,为不时发现比寻常更为光滑的一块卵石或比寻常更为美丽的一个贝壳而沾沾自喜。面对于我面前的浩瀚的真理的海洋,我却全然没有注意。"自古以来,劳动人民就有谦虚的美德,有许多方面的格言警句启迪后人,如"谦受益、满招损""谦虚使人进步,骄傲使人落后""百尺竿头,更进一步"等。

4. 培养果断的性格

果断指一个人能适时地做出深思熟虑的决定,并且彻底执行这一决定,在行动上没有不必要的疑虑。果断的个性可以使人们在形势突然变化的情况下当机立断,使其迅速适应变化了的情况。可见,果断的个性无论是对领导者,还是对普通劳动者都是很重要的。可以通过以下几方面进行锻炼。

（1）把握时机，学会决断。

（2）善于独立思考，不要被别人的意见所左右。

（3）当机遇出现时，千万不要犹豫，因为机会稍纵即逝。

（4）有勇气为自己的行为负责。

第三节　兴趣探索——职业兴趣与职业探索的关系

一、兴趣与职业兴趣

兴趣是力求认识、探究某种事物或从事某项活动的心理倾向。我们通常所说的"喜欢做某事"，其实就是兴趣的外在表现形式。兴趣以需要为基础，由对事物的认识和获得在情绪体验上的满足而产生，是我们为从中获得乐趣而做事的心理倾向。

兴趣是我们从事不同的活动时心中所产生的乐趣和满足感。兴趣对我们从事的活动、学习的专业、选择的职业有导向性的影响。当我们的选择与我们的兴趣相一致时，我们便会感到愉悦，而当我们的选择与兴趣不匹配时，我们选择的持续性会大大降低。这就是人们常说的"天才也怕入错行"，有数据表明，中国大学生对自己专业的满意度仅为68.3%。而不满意的背后原因则是在高中期间，在填报高考志愿时，对自己想要从事的职业、有兴趣学习的专业并不了解。

需要注意的是，这里所说的兴趣并不局限于我们日常环境中的爱好，如唱歌、跳舞、打篮球等。实际上，我们可以将兴趣分为有趣、乐趣、志趣三个层次。

（1）有趣。短暂易逝，时而不稳，常与对某一事物的好奇感有关。随着好奇感的消失，兴趣也自然消减。比如，追某一部电视剧或者电影，随着放映的结束，这种兴趣就消失。

（2）乐趣。在有趣定向发展的基础上形成的兴趣层次。这一阶段，兴趣会变得专业、深入。比如，原来只是觉得弹吉他很酷很帅的同学，在学习了一段时间之后逐渐喜欢上吉他弹奏，一有时间就练习，并乐在其中。

（3）志趣。与社会责任、理想、人生目标相关联，有社会性、自觉性和方向性，是取得成功的根本动力和保证。比如，有同学特别喜欢打游戏，也非常擅长打游戏，打进了国家队，以参加游戏竞赛、游戏公司内测、游戏开发为职业。

职业兴趣是我们对某种职业或者从事某种职业活动所表现出来的特殊倾向。职业兴趣直接影响我们今后对待自己所从事职业的态度和取得成就的大小。兴趣向职业兴趣的转换，需要具备诸多因素，其中最关键的因素就是能力。如果仅仅有兴趣，而无从事这项职业的能力，我们是无法胜任这项工作的。与个人兴趣不同的是，职业兴趣还强调责任意识，它包括：承担工作结果的责任、对家庭的责任以及社会责任感。这是兴趣与职业兴趣本质的区别，我们应该正确地认识到：职业兴趣＝兴趣＋能力＋责任，是个人兴趣、能力和责任的集合体。

二、职业兴趣类型与职业环境类型

（一）六种职业兴趣类型

霍兰德将职业兴趣归纳为六种类型：现实型（R）、研究型（I）、艺术型（A）、社会型（S）、企业型（E）和常规型（C）（见表2-4）。

表2-4　霍兰德职业兴趣表

职业兴趣类型	职业兴趣特征	匹配的职业领域
现实型（Realistic）	一般具有技术与运动取向，相对具有较强的身体技巧和机械的协调能力，对于机械和物体显示出强烈的关注。他们稳重、实际，喜欢从事规则明确的活动和技术性工作，甚至非常狂热地自己动手创造新事物。他们缺乏人际交流的技巧，对人事管理和监督工作不太感兴趣	需要熟练技能方面的职业；动植物管理方面的职业；机械管理方面的职业；手工艺或机械修理、机械操作等职业

续表

职业兴趣类型	职业兴趣特征	匹配的职业领域
研究型（Investigative）	对于理论思维和数理统计具有浓厚的兴趣,对于解决抽象性的问题具有极大的热情。他们倾向于通过思维分析解决复杂的问题,喜欢具有创造性、挑战性的工作。他们不会主动去做人员领导或人际交流工作,独立倾向明显	分析员、设计师、生物学家等
艺术型（Artistic）	对于创造性的、想象的、具有自我表现空间的工作显示出明显的偏好。他们创造倾向明显对于结构化程度较高的职业及环境都不太喜欢,对机械性及程式化的工作缺乏兴趣,比较喜欢独立行事	美术雕刻、工艺工作、舞蹈、戏剧等
社会型（Social）	乐于从事人际交流工作。通常他们的语言能力优于数理能力,善于言谈,乐于帮助别人,具有人道主义倾向和强烈的责任心。他们习惯于通过和别人商讨或调整人际关系来解决面临的问题,对于以机械和物品为对象的工作没有兴趣	学校教育和社会教育方面的工作、社会福利事业、医疗与保健方面的工作、商品营销工作等
企业型（Enterprising）	追求高出平均水平的收入,喜欢利用权力、关系、地位,希望成就一番事业。企业型的人通常精力充沛、自负、热情、自信,具有冒险精神,能控制形势,擅长表达和领导。他们大多会在政治或经济领域取得成就	商业管理者、律师、推销商、市场经理或销售经理体育运动策划者、电视制片人和保险代理等
常规型（Conventional）	更愿意在一个大的机构中处于从属地位、跟随大流。大多具有细心、顺从、依赖、有序、有条理、有毅力、效率高等特征。他们多擅长文书或数据工作,通常会在商业事务性工作中取得成就	会计、银行出纳、图书管理员、秘书、档案、税务等

（二）职业环境类型

霍兰德提出了六种职业环境类型,并采用了与六种兴趣类型相同的命名。霍兰德认为,一种职业环境就是一种职业氛围,而这种职业氛围又是由具有类似职业兴趣的人所创造出来的特定环境,它具有特定的价值观念、态度倾向和行为模式。这六种类型在不同的职业和环境中都或多或少地存在着,只是其中的两三种会占据主导地位。如果人格类型与职业环境适配,就会取得令人满意的结果,如增加职业满意度、带来职业成就感和提高职业稳定性等。

（1）现实型的职业环境。通常是那些对物体、工具、机器、动物等进行操作的工作。从事现实型职业的人通常具有现实型的人格特质,他们大多是现实的、机械的,并具有传统的价值观,倾向于用简单、直接的方式来处理问题,也用他们的机械和技术能力来进行生产。

（2）研究型的职业环境。通常是指那些对物理学、生物学或文化知识进行研究和探索的职业。从事这一行业的人通常具有研究型的人格特质,他们大多是有学问的、聪明的,他们取得成就的方式主要是证明他们的科学价值,这样的人一般会以复杂、抽象的方式看待世界,并倾向于用理性和分析的方式来处理问题。

（3）艺术型的职业环境。通常指那些进行艺术、文学、音乐和戏剧创作的职业。从事这一职业的人通常具有艺术型的人格特质,他们大多擅长表达,富有创造力,直觉能力强,不随大流,独立性强。他们通常以展示自己的艺术价值来获取成就,以复杂的和非传统的方式来看待世界,与他人交往更富于情感和表达。

（4）社会型的职业环境。主要是那些与人打交道的工作,如教导、培训、发展、治疗或启发人的心智等。从事这一类职业的人通常具有社会型的人格特质,他们通常助人为乐、易于合作、善解人意、灵活而随和。他们取得成就的方式通常是展示自己的社会价值,并常常以友好、合作的方式来与人相处。

（5）企业型的职业环境。主要是指那些通过控制、管理他人而达到个人或组织的目的的职业。从事这一职业的人通常具有企业型的人格特质,他们一般具有领导和演说才能,通过展示自己的金钱、权力、地位等来获取成就,常常依据权力、地位、责任等来衡量外界事物,并通过控制的方式来处理问题。

（6）常规型的职业环境。通常是指那些对数据进行细致有序的系统处理的工作,如录入、档案管理、信息组织和工作机器操作等。从事这一职业的人通常具有常规型的人格特质,他们通常整洁有序,擅长文书工作,一般会在适应性和依赖性的工作中获取成就。他们通常以传统的和依赖的态度看待事物,并以认真、现实的方式来处理问题。

第四节 价值观探索——个人价值观与职业探索的关系

一、认识价值观

我们说"选择即人生",那么什么决定人的选择呢？人选择职业,涉及性格、气质、兴趣、能力的因素,但是人与人选择不同的关键,在于职业价值观的不同。即:为什么具有相同或相近兴趣、性格、能力的人,对于同一职业,有人珍爱一生,有人却弃之于沟壑？有人苦苦追求一生,有人却随手放弃？人们选择职业,如果说有一个"网"的话,那么构成这个选择之网的兴趣、性格、能力、价值观中,价值观最重要。价值观的探索与兴趣、性格、技能相比较更有难度,而且更为重要。因为价值观会从内心告诉你值不值得做这份工作,它决定着你选择进入什么样的组织、是否能够坚定自己的选择,如果价值观不明确会导致择业时的迷茫和盲目。解决的办法就是澄清自身的价值观,融入主流核心价值观,学会排序和取舍,努力实现自身价值观。价值观属于个性特征中最深层次的特质,起着核心作用。价值观无时无刻不在影响着我们每一个人,决定着我们的职业生涯。

价值观是我们在生活和工作中所看重的原则、标准和品质。价值观指向我们内心最重要的东西,它是我们强大的内在驱动力,是引导行为的方向,是自我激励的机制。工作价值观,是指无论你从事什么工作都会努力在工作中追求的东西。从另一个角度来讲,工作价值观就是你最期待从工作中获得的东西。世界观、人生观、价值观决定着一个人的人生追求和人生道路,决定着一个人的思想境界、道德情操和行为准则。比如社会主义核心价值观中,富强、民主、文明、和谐是国家层面的价值目标;自由、平等、公正、法治是社会层面的价值取向;爱国、敬业、诚信、友善是个人层面的价值准则。敬业是对公民职业行为准则的价值评价,要求公民忠于职守、克己奉公、服务人民、服务社会,充分体现了社会主义职业精神。世界上没有完全相同的两片树叶。大到一个民族、一个国家,小到一个人,必须知道自己是谁、是从哪里来的、要到哪里去,要坚定不移地朝着目标前进。习近平总书记2014年五四青年节在北大讲话中提到,价值观的养成十分重要,就像穿衣服扣扣子一样,如果第一粒扣子扣错了,剩余的扣子都会扣错。人生的扣子从一开始就要扣好。职业生涯规划其实跟扣扣子是一个道理。《大学》开篇:"大学之道,在明明德,在亲民,在止于至善。"为我们指出人生在世最大的学问在于弘扬光明正大的品德,在于使人弃旧图新,在于使人达到最完善的境界。核心价值观,其实就是一种德,既是个人的德,也是一种大德,即国家的德、社会的德。国无德不兴,人无德不立。

价值观提供关于是非、好坏、善恶、美丑的判断标准,是人做出选择取舍的伦理依据。它是我们强大的内在驱动力,是引导行为的方向,是自我激励的机制。那么,你所看重的原则、标准和品质是什么?

二、认清你的职业价值观——WVI自测

怎样才能认清你的职业价值观呢?你对什么活动或社会环境越积极、越充满热情,就说明你越看重它。现在有没有什么事情让你感到兴奋或者不悦?有没有什么活动让你充满了力量?生活中有没有什么情境让你不得不去做一件特定的事情?所有的这一切都体现了你的价值观。

舒伯于1959年制定了《工作价值观量表》(Work Values Inventory, WVI)用以衡量工作中和工作外的价值观以及激励人们工作的目标。在大量的试验和调查基础上,舒伯总结出人们的

工作价值观大体分为13种：具体而言，每一种价值观都有对应的需求，同样也有对应的职业领域。

（1）利他主义。这表明工作的目的和价值，在于直接为大众的幸福和利益尽一份力。重视利他的人适合从事教师、心理咨询师、社会工作者、医生、护士等工作，从行业方面看，可以进入教育、医疗、公益等行业，这些行业都是为他人或社会服务的，不论做什么职位，都可以直接或间接地帮助到他人。持有利他主义价值观的人最容易遇到的问题是帮助他人与金钱报酬之间的冲突。通常的解决方法是在职业早期先进入报酬可以满足自己生活开销的工作中，利用业余时间帮助他人，当时机成熟时再考虑全职做公益的事情。

（2）审美。这表明你需要在工作中能不断地追求美的东西，得到美感的享受。重视美感的人适合从事与艺术和创作有关的工作，如产品设计、广告设计、UI设计、市场策划、电影电视编导等职位。行业方面，可以进入与艺术和设计有关的行业，如广告、电影等；也可以进入其他行业中的市场或设计部门。然而，追求美感并不意味着必须具有深厚的艺术功底，也不意味着一定要直接从事艺术方面的工作。在日常工作中，如排版一份文档，或者修改一个产品的细节，都可以发挥自己的主动性，将美感融入每天的工作中。

（3）智力刺激。这表明你需要在工作中可以不断动脑思考，学习以及探索新事物，解决新问题。重视智力刺激的适合从事设计、开发、产品经理、咨询顾问、研究等工作，这些工作经常会面临新的问题，需要经常学习和思考才可以解决，可以满足对智力刺激的需要。从行业类型上来看，适合进入曙光或朝阳行业，如互联网、金融、教育培训、医疗、文化传媒、新能源等，这些行业由于兴起不久，有许多以前没遇到过的问题需要解决，可以满足对动脑思考、学习和探索新事物的需要。

（4）成就感。这表明你工作的目的和价值，在于不断创新，不断取得成就，不断得到领导与同事的赞扬，或不断实现自己的梦想。重视成就感的人适合从事可以明确衡量业绩的工作,如市场、销售、生产、研发等。从组织类型上看,民企或创业公司会有更多的机会获得成就感,事业单位比较不容易获得成就感。绝大多数人都希望在工作中获得成就感,如果你的工作成就不易显现,不容易得到领导和同事的赞扬,可以主动创造一些条件来获得成就感,如记录每天工作中最有成就的事情,每周或每月总结自己的成就等。将工作中的一点一滴记录下来,积累到一定程度以后,自然会感到极大的成就感。

（5）独立性。这表明你很看重在工作中能充分发挥自己的独立性和主动性,按自己的方式、步调或想法去做事,不受他人的干扰。重视独立性的人比较适合的职业类型有培训师、销售、设计、技术等可以独立工作,发挥自己专长的职业,通常可以向专家型角色发展。比较适合组织结构较扁平的公司,如互联网公司、小型创业公司等。上下级分明的组织,如大型国企、事业单位等并不适合,因为在其中需要更多照顾到领导的想法,而不能完全按照自己的方式做事。

（6）社会地位。这表明你期望自己从事的工作在人们的心目中有较高的社会声望,从而使自己得到他人的重视与尊敬。重视社会声望的人比较适合从事社会主流认可的工作,比较适合的职业类型有公务员、大学老师、医生、大型企业员工等。适合的组织类型主要有政府机关、事业单位以及规模较大的公司等。适合的行业类型主要有金融、文化教育、互联网等。值得注意的是,社会的观念是会随时间改变而变化的,每个年代人们所看重的东西都不同,坚定自己的信念,找到自己认可的价值才是最重要的。

（7）管理。这表明在工作中你希望可以获得对他人或某事物的管理支配权,能指挥和调遣一定范围内的人或事物。重视管理的人比较适合从事与管理有关的工作,如企业或政府中的各类管理职位、管理咨询顾问、律师、政治或经济学者等。在组织类型或行业方面,对你来说并没有什么特殊的限制。除了在组织内部成为管理者,也可以考虑自己创业,这样可以实现对管理的需求。

（8）经济报酬。这表明在工作中你非常重视报酬，期望工作使自己有足够的财力去获得自己想要的东西，使生活过得较为富足。重视经济报酬的人比较适合从事回报较高的工作，如销售、讲师和互联网技术人员等，这些职业可以在较短时间内获得较高的回报。从行业类型上看，适合进入正在快速上升的行业，互联网、金融、教育培训、医疗等行业。经济报酬是伴随着工作能力的增强而提高的，在现有岗位和行业坚持提升自己的能力比频繁地更换工作会获得更高的经济报酬。

（9）社会交际。这表明你期望在工作中能和各种人交往，建立比较广泛的社会联系和关系，甚至能和知名人物结识。重视社会交际的人适合从事较多与人接触的工作，如销售、公关人员、人力资源、记者、导游、培训师、咨询师、社工等。需要工作可以与人接触，行业并不是最关键的因素，不过公关、媒体、广告、会展等行业会有更多的机会与不同的人接触，可以重点关注这些行业。

（10）安全感。这表明你希望在工作中有一个安稳局面，不会因为奖金、涨工资、调动工作等经常提心吊胆、心烦意乱。重视安全感的人适合进入政府、事业单位或者大型国企等组织，这些类型的组织工作环境较稳定，能满足对安全感的需求。不适合进入小型民企或创业公司，因为这些公司所处的市场环境变化较快，公司员工流动性较大，会给人紧张和不稳定感。

（11）工作环境。这表明你希望工作可以作为一种消遣、休息或享受的形式，追求比较舒适、轻松、自由、优越的工作条件和环境。重视舒适的人适合从事行政管理类的工作。这类工作流程明确，作息规律，能满足对舒适的要求；与业务直接有关的工作则不适合，因为业务部门的工作压力往往要大于支持部门。从组织类型上看，适合进入大型外企、国企、政府、事业单位等，这些组织的工作环境较好，餐饮和办公条件较好，作息也比较规律，能满足对舒适的需要。一些大型互联网公司的工作环境也非常舒适，一定程度上能满足对舒适的需要。但是由于互联网公司工作压力较大，时常加班，所以是否进入需要仔细权衡。

（12）人际关系。这表明你希望一起工作的大多数同事和领导人品较好,相处在一起感到愉快、自然,认为这就是很有价值的事,是一种极大的满足。重视人际关系的人应该重点考虑一些成员平均年龄与自己年龄相近的公司,在这样的组织中,同事跟你年龄相仿,更容易相处。不适合一般的国企和事业单位,因为这些组织中人际关系相对复杂。从行业方面看,从事教育、公益等行业的人相对容易相处,但也并非绝对的。值得注意的是,人际关系是绝大多数人都会看重的职业价值观,并且人际关系与职位和行业的关系较小,因此在选择职业时仅适合作为参考因素。处理人际关系是一项技能,需要在工作中不断练习,当你具备处理人际关系的能力的时候,在哪儿工作都不是问题了。

（13）多样性。这表明你希望工作的内容应该经常变换,使工作和生活显得丰富多彩,不单调枯燥。追求新意的人适合从事有创造性的不重复枯燥的工作,如市场策划、互联网产品、广告创意设计等。在行业方面比较适合进入曙光或者朝阳行业,如互联网、文化教育、金融、新媒体、新能源等,这些行业刚刚兴起不久,有很多不确定性,会让人觉得工作丰富而不单调;传统制造业和服务业的工作流程相对固定,不适合你。从组织类型上看,民企或创业公司更能满足你对新鲜感的追求,而大型国企、政府、事业单位的工作相对较为稳定,流程相对单一,并不适合你。值得注意的是,大多数职位在初级阶段都会经历重复枯燥的过程,当积累了一定经验之后,你将会负责更多新的任务,工作就会变得丰富多彩起来。

第五节 自我能力探索——素质能力与工作胜任力的匹配

一、能力与职业的关系

能力是个人职业选择和职业成功的基础。在职业生涯中,职业的成功不仅与人的个性特点、知识技能、工作态度、物质条件、健康状况、人际关系等因素有关,而且与一个人的职业能力密切相关。在其他条件相同的情况下,职业能力强的人比职业能力弱的人,更能使工作顺利进行,更容易获得成功。不同职业对人的能力有不同的要求,不同的人其能力也不相同。如有人擅长言语交谈,有人擅长实际操作,有人擅长理论分析,有人擅长事务性工作。每个人都有自己独特的能力结构。

  社会上不同的职业对从业者的能力有不同的要求,如有的需要言语能力,有的需要计算能力,有的需要动手能力,而大多数职业则需要几种能力的综合。一般来讲,排字工人、服务员、领航员、侦察员、公安干警、驾驶员、交通警察、飞行员、机械操作工、教师等,需要较强的注意力和观察力。管理工作者、外交人员、解说员、报务员、售货员、教师等,要有较强的记忆力。文学创作者、工程设计人员、建筑师、机械师、服装设计师等,需要较强的想象力。思维能力是人对事物的分析、综合、抽象、概括、推理的能力,世界上的各种职业都需要一定的思维能力。

  不同的职业选择对人的能力发展的影响也是十分明显的。一个人的职业能力不同于他的专业知识,也不同于专业技能。专业知识是人类进行各种专业活动经验的总结和概括的总和,而专业技能则是人们在长期的学习工作中逐步形成的熟练的操作规程方式。一般说来,专业知识和专业技能都是后天获得的,并随着人的年龄增长而增长。而职业能力则含有某些先天的因素,并不总是随着年龄的增长而增长。事实上,到了一定的年龄阶段,还会出现职业能力减退的现象,例如各国的职业规定中对从事飞行员和汽车驾驶员职业的人,都规定了终止驾驶的年龄。因此,职业能力不等同于专业知识和专业技能。专业知识丰富不等于职业能力就一定强,某方面的职业能力强也不表明他的专业知识丰富。同样,职业能力和专业技能的发展也不是同步的。当然,我们也不应忽视职业能力和专业知识、专业技能有着密切的关系。一方面,职业能力影响掌握专业知识和专业技能的速度和程度,也影响专业知识的应用;另一方面,专业知识越多,专业技能越熟练,就越能促进职业能力的提高。

人的能力差别是客观存在的,这种差别制约着人们活动的领域与职业选择的范围。一个人如果不能很好地评价自己的能力,错误地选择职业,将无法发挥出自己的潜力,也将一事无成。

二、职业能力自主提升的方法

对于将来想从事的职业,要明确自己的职业能力以及优势,美国心理学家加德纳认为每个人的智力都有独特的表现方式,智力不是一种能力而是一组能力,每个人都是具有多种能力组合的个体,由此提出了智力多元论的观点,因此可以根据自身的特点进行能力的组合和优化,下面介绍这8种能力的提升方法:

(一)语言智能提升方法

从语言智能的内涵看,首先需要从基本词汇、语音、语法、句法以及跨文化语言学习出发来提高自身语言智能的基本功;其次,我们需要积极开展口语表达的训练,参加一些实训营,积极主动地在公众群体间发言,注意倾听他人观点,交流自己的想法,对着镜子练习、绕口令练习都是提升口语表达能力的方法;再次,在文字表达方面,文字的应用前提是文字信息的获取和理解,这有赖于广泛而全面、日积月累的阅读;最后,你还需要坚持写作,丢掉微信朋友圈、QQ说说这些短篇幅表达,重新拾起你的日记本、写作本,将自己的想法、观点用文字记录下来。长久练习,你必将有所进步。

(二)数理智能提升方法

长期以来,在我们的学科教学中,数学、物理、化学等理科课程的学习和大量的练习已经很好地提升了我们的数理逻辑思维能力,我们需要坚持在数学、物理、化学等课程学习中有意识地培养自己的能力。另外,我们也需要注重生活中的训练。比如遇到任何事件,试着去分析原因是什么,动机是什么,主体是谁,关联的利益主体有哪些,事件发生过程有哪些可能,最终的结局会是何种情形。当然,像国际象棋、围棋、数独等小游戏也是能够锻炼我们的数理能力的。

(三)空间智能提升方法

可以多参加一些画展、摄影展、博物馆的活动,提升自己对于平面美和立体美的感知能力;可在随手可及的范围内,用铅笔、彩笔等简易工具尝试简单的作画,如素描、手绘地图的创作;也可以有意识地规避使用导航软件,借助地图、太阳、标志性建筑来训练自己的空间思维;当然,你也可以通过涂鸦、素描、摄影等方式,有意识地锻炼自己对点、线、面、立体和事物之间关系的理解和表达能力;在学习的过程中,你可以采用思维导图等工具来进行知识的梳理,可以用画图的方式来表达自己的想法。

(四)身体智能提升方法

有意识地加强四肢运动,适时参加快走、慢跑、登山、篮球、羽毛球、瑜伽等健身运动;可以制作一些手工作品,也可以学习刺绣、泥塑、印章、剪纸,勤于动手制作和搭建一些模型;也可以参加一些戏剧类社团,通过社团活动来表达自己的想法和情感,平时也可以多注意观察和模仿其他人的动作、语言和形态;当然,最基础也是最力所能及的或许是在假期帮助父母完成一些家务劳动。

(五)音乐智能提升方法

可有意识地进行一些听觉训练,如辨声游戏、循声找图、听音找物等,有意识地聆听和感悟自然世界中的鸟语、蝉鸣,并将之与自己知识体系中的相关要素相关联;有意识地多听音乐(不管是什么类型的音乐),并在听音乐时有意识地感受旋律、节拍;可参加一些音乐类社团,多参加一些合唱、独唱和休闲唱歌活动;试着去学习简谱、五线谱,学习一到两种乐器。

(六)人际智能提升方法

首先,在思想和意识上,个体应当重视社会交往的重要性和必要性,相互体谅、相互理解,以开放的心态来与他人交往沟通;其次,有意识地参加一些团体活动、社交活动,如同学间的小聚会,建立学习小组,建设寝室文化,在这些活动中,有意识地鼓励自己与他人接触并建立联系;再次,可以参加一些关于人际交往、团队合作、领导力的实训活动。最后,如果你确实是一个不太主动与人交往的人,那至少做到在与人相处和交谈的过程中注意倾听,多观察其他同学待人处世的方法和技巧并尝试学习。

(七)自然智能提升方法

多与自然发生接触,对自然界中的植物学、动物学、气象学等学科领域的知识有意识地进行探索,充分利用一切条件进行试验和探索,把握自然事物的特征和发展规律。可以多参观动物园、植物园、天文馆、地质馆等自然景观;充分利用学校的实验室资源来观察、分析自然物质;学会使用望远镜、显微镜等设备和工具;试着去种植一些植物,可多观看动物类、自然类的纪录片。

(八)内省智能的提升方法

《论语》中,"曾子曰:'吾日三省吾身:为人谋而不忠乎?与朋友交而不信乎?传不习乎?'"这句话既是内省的表现,又是内省提升的办法。长期坚持每天的内省,关注自我个性、能力、兴趣、价值观的变化,反思自己与他人之间的关系,将有利于内省习惯的养成。内省的过程还包括定期反思自己的目标达成情况,比如,自己主动设定学期及短期目标,为自己的目标制订详细的学习计划,不断总结自己在完成计划的过程中遇到的问题及解决方案。在成长的过程中,注意多与朋友、同学、父母分享自己的观点。在遇到心理压力等问题时,可以寻求专业的心理老师的帮助。当然,阅读也是有效的内省方法。除此以外,你还可以通过一些心理测试量表来提高自己内省的能力,比如 MBTI 人格测试、霍兰德职业兴趣测试、WVI 价值观测试等。本章讲到的多元智能结构评估也是你内省的工具之一。

最后,需要提醒各位同学的是,我们每个人都具备多种多样的能力,每个人都有能力的长处和短板,能力的短板会影响到我们学业发展的高度。所以,我们要趁着自己的能力还处于塑造期,有意识地按照上述办法来提高自己的能力。另外,在自己擅长的领域,通常能够取得更好的表现和成绩,获得更高的自信和自我成就感,也更容易成功。所以,我们应当留意自己的优势智能对应的那些专业、职业,对这些专业和职业进行了解,给自己确定一个靠谱的、科学的目标,并制订有效的执行计划。

第三章　职业探索：职业世界认知

职业世界探索实际是一个系统工程。首先,对职业世界的探索,必须要考虑到时代的特点以及时代的因素,考虑到时代对有关地域、行业、职业、职位的特殊要求和影响。其次,需要结合地域的特点来探讨当地的"人才需求状况""人才竞争激烈程度""人才分布情况""当地的发展机会"等方面的内容。最后,需要从行业、组织、岗位等角度探索职业信息。

第一节　职业认知的内涵

职业认知,简单来说就是对职业、职员和团体的认识。职场的激烈竞争,迫切要求加强对员工的职业意识训练和职业技能培养。而员工的职业化训练并没有引起大多数企业的足够重视,从而导致员工只是简单地将当前职业看成谋生手段,大大降低了工作责任心与归属感,影响到团队整体合力的发挥。

一、职业认知的意义

职业认知的意义就是作为大学生,更好地了解和认识相关职业。有的学生对自己的专业将来的职业方向、职业的情况很了解,这就使得他们在学习过程中懂得轻重缓急,能事半功倍地掌握相关技能。他们效率高,在求职时能力突出、目标明确,往往先于其他同学找到自己的职业归宿。同时也存在一部分同学对自己将来的职业方向比较模糊,对于专业与未来职业的相关性、自己的竞争力都不清晰,导致了这部分同学在求职路上走了很多弯路,大学学习期间迷迷糊糊,毕业时不知所措。

二、职业认知的方法

个人在了解职业时通常可采取查阅、参观、讨论、访谈、实习的方法。

(一)查阅

此方法是指我们可以通过网络、书籍、期刊了解职业的基本情况,如职业对学历、技能、资格证书、身体素质等方面的要求,职业的工作环境、待遇、未来发展等。

(二)参观

参观是指到相关职业现场短时间地观察、了解。通过参观,可以了解职业的性质、内容、工作环境及氛围,获得实实在在的职业感受。

(三)讨论

讨论是指与别人共享对职业的调查结果。"理越辩越明",个人的调查总有局限性,与别人一起讨论感兴趣的职业问题,共享职业调查成果,会使自己得出的结论更准确、更完整。

(四)访谈

访谈是指与相关的从业人员(目前在岗或曾经从事过相关职业)进行交流,从而更加真实、全面地了解相关职业的情况。

(五)实习

实习是指到职业场所进行一定时间的打工、义务劳动或实习、实践。实习是一种比较全面地了解职业的方法,通过实习可以更深入、更真实地对职业的工作任务、工作要求。

对工作环境及个人的适应情况进行了解、判断,可以了解工作的程序、报酬、奖罚及管理的各种信息,还要以通过与工作人员的实地接触,感受职业对人的影响及人职和谐情况。

第二节 大学专业与职业的关系

一、专业的含义

专业是指高等院校或中等职业院校根据学科分类或者生产部的分工把学业分成的门类。专业设置的依据是我国社会主义现代化建设事业的发展对人才的需求。日前,教育部印发通知,公布2019年度普通高等学校本科专业备案和审批结果,确定了同意设置的备案专业、国家控制布点专业和新增目录外专业点名单。同时,在《普通高等学校本科专业目录(2012年)》基础上,增补了近年来批准增设的目录外新专业,形成了最新的《普通高等学校本科专业目录(2020年版)》。

(一)专业设置符合人才培养要求

学校的专业设置以国民经济和社会发展对人才的需求为基本依据。由于我国地区发展的不平衡性,学校专业设置还要依据当地经济与社会发展对人才的需要,积极为当地经济建设服务。

(二)专业设置的现实性与前瞻性

科技发展对劳动者素质的要求是学校专业设置的主要依据。科学技术是第一生产力,现代科技已渗透、融合和扩散到生产力的诸要素中。首先,科学技术的发展提高了职业的科技含量,对劳动者的科技素质提出了越来越高的要求;其次,科学技术的发展改变了职业活动的内涵,职业活动中体力劳动比重逐渐减少,脑力劳动的比重日益增加;最后,科学技术的发展加快了职业的新陈代谢,新职业不断产生,旧职业不断衰退。所有这些特点使得受教育者在校学习期间所学的专业知识和技能,在从业以后的使用年限越来越短,如机械制造技术使用衰减期已减为10年、计算机技术使用衰减期已减为4年以下。学校的专业设置坚持现实性与前瞻性相结合,既适应我国当前经济发展和劳动力市场需要,又适应超前考虑未来经济发展和职业分化的需要。

（三）专业设置与国家产业分类、职业分类相适应

职业分类,是指按一定的规则、标准及方法,按照职业的性质和特点,把一般特征和本质特征相同或相似的社会职业,分成并统一归纳到一定类别系统中去的过程。世界上经济发达国家都非常重视职业分类问题的研究,这不仅是形成产业结构概念和进行产业结构、产业组织及产业政策研究的前提,同时也是对劳动者及其劳动进行分类管理、分级管理及系统管理的需要。

国家的产业政策是学校设置专业的重要依据。学校根据我国"大力加强第一产业,调整提高第二产业,积极发展第三产业"的产业政策,主动适应产业结构的调整,合理设置专业,培养社会急需人才。

在现代社会里,一个人不经过学习,不掌握一定的专业知识和技能,就很难谋生,更不能创造人生价值。因此,大学生在学校期间积极地学好专业、完成学业,对大学生来说具有以下意义。

（1）学好专业是顺利就业的必备条件。扎实的专业知识和技能是职业的必备条件。无论什么工作岗位,没有一定的专业知识、专业技能,不具备职业所必需的本领,将无法履行岗位职责,完成工作任务。就像学驾驶的不会开车、当护士的不会打针一样,不学专业,没有一技之长,即使最普通的职业也难以胜任。

（2）学好专业是实现人生价值的基础。只有学好专业,完成学业,才能找到职业。而在职业舞台上,只有灵活运用专业知识,

充分发挥专业特长,才能提高工作效率,出色地完成工作任务,使付出的劳动得到社会承认,自己的聪明才智得以发挥,个性得以展示,人生价值得以实现。

二、专业的选择

专业是指高等院校或中等职业院校根据学科分类或者生产部门的分工把学业分成的门类。专业设置的依据是我国社会主义现代化建设事业的发展对人才的需求。如何正确选择专业是每个大学生人生道路上非常关键的一步。然而,许多大学生对于专业的选择是草率的,造成这种非理性选择的原因有:

(1)部分大学生选择专业时仅凭一时的感觉,看上去体面、时尚的专业就认为是热门的专业,或者是盲目地从众、随大流,认为大多数人的选择就是正确的选择。

(2)部分大学生对选择专业对应的职业类别,以及相关职业的就业形势缺乏全面的认识。有些同学甚至对于自己所选择的专业一知半解,仅仅因为一些片面的因素就武断地做决定,等到深入学习的时候才发现自己的选择是错误的。

所谓热门专业和冷门专业都是相对的,随着社会主义经济建设的快速发展,各行各业都急需各种专门人才,正因为这种需求的变化,才出现了冷门与热门之分。冷热又不是一成不变的,现在的热门专业不一定永远热门,所谓的热门专业不一定是需求量大的专业。一些紧缺型人才,如石油工程、机械制造等专业,由于其专业性强,就业面相对窄,每年招生不多,却是社会急需人才,就业率较高,不失为热门专业。

(3)在选择专业时应当根据自己的兴趣爱好,依据自己的高考成绩,联系自己的实际,综合各方面的因素,选择适合自己和有利于自己发展的专业。参考社会的就业形势,做出理性的选择,做出选择后就要坚定地走下去,不要这山望着那山高,俗话说:三百六十行,行行出状元,每个行业都可以实现自己的人生价值。

新形势下大学生就业情况压力大困难多的问题究竟从何而来，结合前面的材料，可以看出就业难并不只是我们传统意义上认为的因为社会就业岗位供求失衡的问题，还有很大一部分是大学生自身的原因。一是最初专业选择的盲目性导致后期学习没有兴趣从而缺乏动力，以致没有形成足够的专业素养，专业基础知识学习不够扎实，无法胜任所应聘的工作需求；二是因为平时对就业的不关注，很多人都是在临近毕业才开始关注就业形势，发现自己的专业水平与就业需求的差距太大；三是大学生没有树立正确的就业观念，部分大学生眼界太高，非高薪工作不去，等到醒悟时，招聘的大潮已过，不得不说为时晚矣；四是大学生平时缺乏实践锻炼、没有工作经验，招聘企业质疑其工作能力。

基于上述问题，我们将根据实际情况给出合理的建议与对策，以期为大学生谋求更好的发展道路。

首先在专业选择方面要慎重，专业是就业环节最基础的一步。只有选择了自己感兴趣的专业，在后期的大学学习中才会主动投入本专业基础知识学习，为将来就业打下厚实的专业基础，从而提高专业与就业的对口度。另一方面，大学生也需要树立正确的就业观念，平等地对待各行业工作，寻找适合自己的工作。其次，学校应当在日常工作中积极拓展大学生就业信息渠道，以便大学生及时掌握就业最新消息。另外，国家可以出台积极的就业政策，增添就业岗位，扩大就业率。企业也可以为刚毕业大学生提供职业技能培训机会，提高大学生就业能力。社会也可以组织专家进行专业的就业指导咨询工作，让大学生及时准确地了解各类就业信息以便更好地选择职业。大学生可以抓住机遇利用国家优惠政策，充分发挥自己的创新意识积极创业，既解决了就业问题，又可以为社会带来一份贡献，从而在根本上突破就业瓶颈。

三、专业与职业发展的关系

职业是人们从事的专门业务。一个人要从事某一种职业，必须具备专业的知识、能力和职业道德品质。随着社会的发展,科技的进步,劳动的专业化程度越来越高,职业的专业性越来越强。

不同的职业需要不同的知识、技能、素质,而不同的知识和技能则是专业的主要内容。从经济和效率的角度来看,专业当然应该是职业目标所需要的知识和技能,然而从专业与职业的相关性来讲,它们并不都是一一对应的关系,而是呈现出一对一、一对多、多对多等非常复杂的相关关系。比如,数控机床专业对应的职业是企业中数控机床的操作与维护,最后发展成为高级技师;烹饪专业对应的职业是厨师。而有些专业对应的职业比较宽泛,如经济学专业的学生可以从事企业管理、经济学研究、新闻记者、营销策划、经济分析、高校教师等多种职业。此外,某些职业比如新闻记者,它可以接收经济学、新闻、中文、哲学、历史等许多专业的学生。

(一)一对一

这种情况最为简单,指一个专业方向仅对应一个职业目标,这类专业一般都存在于中职学校或高职学校。此类职业培养目标单一明确、技术含量比较高,属于学业规划中比较主动的一种,可以先定目标、后选路线,在各种路线中选择求学成本最低的一条,这类专业和职业一般都适合于专业技术人员。

(二)一对多

这类专业一般存在于普通高校中,人们常说的宽口径、厚基础指的就是这类专业,它们所对应的职业目标有多个。大学生应根据具体职业目标的标准要求,有针对性地学习和开发其他必要的知识和技能。此种类型适合于在学业规划时先确定专业后确定职业目标的情形。应该说,先定专业再定职业目标已经是一种比较被动的人生发展态势。然而由于这一类型的存在,它可以让学生比较顺利地由被动转化为主动。因此,作为大学入学的新生,一定要抓住这一关键时机,从被动走向主动。

（三）多对一

就是多种专业都可以发展到某一种职业的情形，如不同专业的同学如果可以从事新闻记者、政府公务员、营销主管、企业管理者等职业。

第三节　职业的特点与类别

对于职业（occupation）的含义，学者们有着不同的看法。美国社会学家塞尔兹认为，职业是一个人为了不断取得个人收入而从事的具有市场价值的特殊活动，这种活动决定着从业者的社会地位。美国著名哲学家、教育家家杜威认为，职业是人们从中可以得到利益的一种"生活活动"。美国社会学家泰勒指出："职业的社会学概念，可以解释为一套成为模式的与特殊工作经验有关的人群关系。这种成为模式的工作关系的整合，促进了职业结构的发展和职业意识形态的显现。"我国管理专家程社明认为，职业可定义为"参与社会分工，利用专门知识、技能为社会创造物质财富、精神财富，索取合理报酬作为物质生活来源，并满足精神需求的工作"。

那么，什么是职业的科学含义呢？从词义学角度来看，"职业"一词是由"职"（即职责、权利、义务）与"业"（即业务、事业、行业）二字的含义构成。从这个角度看，职业可以理解为承担了某种责任、义务的行业和专门化的活动。从社会学的视角审视职业的含义，职业是一个人的社会角色之一，是认识一个人的社会身份、社会地位、个人才能的重要参照系。所以，职业的科学含义就是指人们为了谋生和发展而从事的相对稳定的、有收入的、有专门类别的社会劳动，它要求劳动者具备一定的生活素质和专业技能。它是对人们的生活方式、经济状况、文化水平、行为模式、思想情操等方面的综合反映；也是一个人的权利、义务、职责的具体表现,因此它是一个人社会地位的一般性表征。

一、职业的特征

职业是个人在社会中所从事的作为主要生活来源的工作,职业具有如下特征。

(一)社会性

职业充分体现了社会分工,是社会生产力发展的产物,每一种职业都体现了社会分工的细化,体现了对社会生产和社会进步的积极作用。

(二)经济性

职业活动是以获得谋生的经济来源为目的的,劳动者在承担职业岗位职责并完成工作任务的过程中要索取经济报酬,既是社会、企业及用人部门对劳动者付出劳动的回报,也是维持家庭和社会稳定的基础。

(三)专业性

任何职业岗位,都有相应的职责要求,要求从业人员具备一定的专业技能知识,包括较长时间专业知识的学习或技能培训。

(四)稳定性

职业产生后,总是保持相对稳定,不会因为社会形态的不同和更替而改变。当然这种稳定性是相对的,随着现代化的快速发展,特别是科学技术的日新月异,促使原有职业活动产生变化,一些新的职业应时代需要而产生,原有职业或在时代的大发展中巍然挺立,或被时代的潮流淹没。

（五）群体性

职业的存在常常和一定的从业人数密切相关。凡是达不到一定数量的从业人员的劳动,都不能称其为职业。更重要的是从业者由于处于同一企业、同一车间或同一部门,他们总会形成语言、习惯,利益、目的等方面的共同特征,从而使群体成员不断产生群体认同感。

（六）规范性

从事职业活动必须遵从一定的规范及职业规范,它主要包括人们在职业活动中应遵守的各种操作规则及办事章程、职业道德规范和职业活动中养成的种种习惯。

二、职业的类别

职业类别是以工作性质的同一性为基本原则,对社会职业进行的系统划分与归类。职业是参与社会分工,利用专门的知识和技能,为社会创造物质财富和精神财富,获取合理报酬,作为物质生活来源,并满足精神需求的工作。

职业信息是与职业发展、就业应聘有关的所有信息的统称,包括国家和地区颁布的劳动与就业相关法规政策、行业与地区经济政治形势和发展趋势、就业态势和职位供需状况等。

我国的职业分类结构包括四个层次,即大类、中类、小类、细类,依次体现由大到小的职业类别。细类作为我国职业分类结构中最基本类别,即职业。《中华人民共和国职业分类大典》将我国社会职业归为8个大类,66个中类,413个小类,1838个职业。八个大类分别是：第一大类,国家机关、党群组织、企业、事业单位负责人；第二大类,专业技术人员；第三大类,办事人员和有关人员；第四大类,商业、服务业人员；第五大类,农、林、牧、渔、水利业生产人员；第六大类,生产、运输设备操作人员及有关人员；第七大类,军人；第八大类,特殊职业的其他从业人员。

第四节　职业信息的收集与整理

职业信息的来源有诸多渠道,一些信息可能相互重叠,一些信息可能相互补充,而一个全面完整的信息在某些时候可能需要求职者从多方面进行搜集。此时,考虑到成本效益因素,在搜集职业信息时,应遵循人职匹配理论,根据个性特征搜寻最适合自己的职业信息。这样不仅能增大求职成功的概率,也能减少不必要的成本浪费。

一、职业信息的作用

（1）可以更好地掌握和运用就业政策。国家和各地对高校毕业生的就业问题相继出台了一系列相应的政策。毕业生应认真学习、努力掌握和积极运用这些就业政策,为自己的就业、创业与职业生涯规划奠定良好的基础。

（2）可以更好地了解和融入人才市场。学生应尽早了解人才市场,并以此来树立自己正确的职业定位,制订自己的学习计划。

（3）可以为职业生涯决策提供依据。职业生涯决策是建立在充分的信息搜集基础上的。

二、职业信息的收集方法

职业信息是对与职业有关的所有信息的统称,完整的职业信息包括职业资源信息、职业新闻信息、职业政策信息、职业测评信息等。职业信息的采集与应用为个人和企业、社会之间搭建起一座桥梁,帮助个人了解社会对不同职业角色的具体要求,了解企业文化、价值、经验和规范,培养职业角色意识,确定职业理想,增强个人的社会适应能力,作出明智的职业选择。了解和认识相关职业,就需要我们学会收集和管理职业信息。

通过一定方式收集相关职业的信息,一般可以收集行业简介、行业现状、行业发展趋势、岗位设置、主要公司、行业证书等。

三、职业信息的搜集

(一)职业信息的搜集原则

1. 准确性、真实性原则

准确性要求信息所反映的情况必须真实、可信。一方面要求信息搜集真实可靠,另一方面在搜集过程中必须严格分析、筛选,去伪存真,否定错误的信息。如果我们搜集的信息是假信息,不但起不到好作用,有时还会起反作用,甚至造成就业工作的重大失误。

2. 主动性、及时性原则

当今就业环境与就业形势越来越严峻,大多数大学生已不再是抢手的香饽饽,一个好的职位竞争者越来越多,竞争也越来越激烈,这就要求大学毕业生主动去搜集职业信息,通过不同的方法和途径尽可能多地了解职业信息,如果抱着等、靠、要的心态,那么无疑将与好工作擦肩而过。

信息有一定的时效性。一般来说,时间越长,职业信息的价值越小;时间越短,职业信息的价值越大。这要求毕业生在择业时做到及时掌握各种职业信息,力争在激烈的职业市场中占一席之地。

3. 适用性、针对性原则

随着人才市场的发展,职业信息铺天盖地,如果在信息搜集中不注重适用性,那么就可能在众多的职业信息中把握不住方向。毕业生在搜集职业信息时,必须对自己有一个客观的评估,然后根据自己的专业、特长、能力、性格、健康状况等各方面因素去搜集有关职业信息,避免因为不适合的信息浪费不必要的人力、物力与时间,贻误职业时机。例如,小王为非上海籍生源毕业生,未取得全国计算机考试二级证书,毕业前应聘了上海市许多企业,其中有多家企业愿与他签约,他选择了其中一家,报批上海市教委毕业生分配办公室,却因不符合进沪条件,未获批准,小王对上海以外各省的职业信息几乎未搜集,一时难以找到合适的工作,后悔不及。

4. 广泛性、连续性原则

搜集职业信息时,应尽量避免搜集面过窄而导致职业信息内容过于单一和信息量不足的现象,要从多方面、宽层次搜集职业信息,凡是可供择业选择的信息都要注意搜集,然后加以分类整理,只有这样,才能为职业选择提供更广泛的范围。同时,大学毕业生搜集职业信息时应注意连续性,即对职业信息进行跟踪,时刻注意职业信息的变化,根据职业信息的变化对应找出自身的缺点和不足,从而达到完善提升自己的目的。

5. 计划性、条理性原则

作为信息搜集者,要制订职业信息搜集计划,提高主动性,并有的放矢;要充分利用信息搜集的各种方法和渠道,有步骤、有计划地进行信息搜集。

在大学生择业的高峰期,各种职业信息铺天盖地,要有条理地从众多的职业信息中选择适合自己需要的有用信息。

6. 选择性、重点性原则

各个方面的职业信息不仅数量很多,而且内容庞杂。毕业生不可能也没有必要把所有的职业信息一个不漏地搜集起来,而应根据个人的具体情况如专业情况、兴趣爱好、职业理想等来选择确定重点,有针对性地搜集对自己有用的信息。如果不分轻重缓急、不分主次、盲目地追求职业信息的数量,就会事倍功半,浪费大量的时间与精力。这就要求毕业生在搜集信息前一定要审时度势,从自己的实际情况出发,有选择、有重点地进行职业信息的搜集与整理。

7. 整合性

首先,将过时、虚假的信息剔除出去;其次,是将与自己的专业及兴趣有关的信息提取出来,将与专业、兴趣无关的放到一边;再次,按信息重要性大小对信息进行排序,重要性的判断标准是是否适合自己;最后,要根据筛选出来的需求信息的要求进行对照检查,及时调整自己的知识结构,弥补原来的缺陷与不足。

需求信息一旦选定,就要不失时机地主动与用人单位主管人员联系,询问应聘的方式、时间、地点和要求,并递交一套完整的求职材料,使需求信息尽早成为双方深度沟通的桥梁。

(二)职业信息的搜集渠道

搜集职业信息的渠道多种多样,就目前而言,可以通过下面渠道进行搜集:

1. 学校职业指导部门

高等院校都设有专门的职业部门,一般叫作职业指导中心,负责学校的职业工作。就业指导中心面向学生主要开展两个方面的工作。第一,开展职业指导,提供职业生涯咨询。这方面工作主要是通过开设职业指导课程、举办职业生涯规划咨询来进行的。第二,提供职业服务。这方面工作主要包括建立毕业生供需联系、举办校园招聘活动、向用人单位推荐毕业生、办理毕业生职业手续等。

职业指导中心是专门负责为应届毕业生提供职业信息、职业

第三章 职业探索：职业世界认知

辅导和咨询的职能部门,该部门与中央有关部委和各省市的毕业生职业主管部门以及相关用人单位保持着密切的联系,能够及时掌握国家有关的职业政策、地方的相关规定、各地举办"双选"活动的信息、用人单位的需求信息等。

职业指导中心一般每年都要制订学校职业工作计划,其中包括职业信息的搜集和发布。职业指导中心会定期和不定期地举办校园招聘活动,为用人单位招聘和毕业生求职牵线搭桥。职业指导中心在长期的工作中与用人单位建立了广泛而密切的联系,所以,集中了大量的有针对性的职业信息。因此,应该把学校的职业指导中心作为搜集用人单位信息、寻求职业指导和帮助的主渠道。

除职业指导中心以外,各个高校的教学部门(二级学院或系)也都十分重视毕业生的职业问题,通常会有一位部门领导(二级学院的副院长、系副主任、党总支书记等)负责本部门的职业工作。教学部门也会搜集用人单位的职业信息,安排和落实毕业生职业。

总的来看,通过职业指导中心或教学部门获得的职业信息有以下几个特点。

(1)时效性强。学校职业主管部门会及时通过学校的校园网络等渠道发布相关的职业信息,并通过邮件、电话等方式责成各部门通知和组织学生。因此,职业信息的利用率很高。这也就需要平时一定要密切关注,以免错过机会。

(2)针对性强。用人单位根据高校教学质量、专业设置、学生素质向学校职业指导部门发送用人需求的信息,因此,这些信息是完全针对该校应届毕业生的;而学校也会根据用人单位的需求情况有针对性地推荐学生,力求使用人单位的人才需求和毕业生的择业需求达成一致。而在人才市场、报纸杂志以及网络上获得的需求信息,则是面向全社会所有求职人员的,其针对性必然较弱。

(3)可信度高。由于学校职业指导部门的特殊地位,它代表着学校的形象,因此在用人单位向它传递用人需求时,学校职业指导部门会对这些职业信息进行审核和确认,过滤其中的虚假信息,防止学生上当受骗。经过审核和确认后,再把这些信息传递给毕业生,这就基本保证了职业信息的可信度。因此,利用学校提供的信息,其可信度比较高。

(4)成功率高。可信度高,针对性强,也意味着毕业生在获取这些职业信息时,如果能把握住时机不断调整自己,那么成功率也就较高。

2. 传播媒介

每年大学生毕业之际,报纸、杂志上一般都会刊登一些关于大学生就业的指导信息,从不同侧面和角度反映了当年大学生就业的需求情况。在传媒业高速发展的今天,广播、电视、报纸、杂志等新闻媒体受到了招聘机构和大学生们的共同青睐,如《中国经营报》《职场》《成功职业》《择业大市场》《大学生职业》《大江南人才》等,每期都刊载有数量不等的招聘信息,除此以外,还辟出"择业指导""政策咨询"等专栏,为毕业生就业提供指导。一些用人单位更是自己编印单位简介及需求信息的专业小报,向高校发送。

许多专业报纸和杂志还会介绍许多求职择业的方法、技巧以及相关的法规和注意事项等,建议广大毕业生充分利用好此类工具。从调查的情况看,很多毕业生获取的职业信息都来自这些传统的新闻媒体。这种信息传播面广、竞争性强、时效快、成功率较低,而且其内容往往比较笼统,如果选用还应作进一步的了解。毕业生也可以通过在媒体发布自己的求职信息,从而反向获取职业信息。

需要特别注意的是,通过这种渠道搜集信息时,要特别留意报纸上的工商注册公告。进行注册公告的公司大都是刚刚开始创业,还没有来得及发布招聘信息,而此时却是公司最缺人手的时候。此时前去自荐或寄去求职材料非常有效。

3. 供需见面会和人才招聘会

为做好每年的毕业生就业工作,各地方、各行业以及各高校都要举办规模不等的毕业生就业招聘会。这些招聘会针对性很强,所容纳毕业生需求信息也非常之大,毕业生应珍惜并抓住这些机遇。

4. 网络求职

随着互联网的普及,网络求职是现代人求职择业、实现自我的新途径,也将是大学生获取职业信息、推销自己的一种重要的方式。用人单位的招聘信息都习惯在互联网上发布,互联网已成为高校毕业生搜集职业信息的一条很重要的渠道。在网上获取职业信息时,要注意以下问题。

(1) 不要把简历放在附件里,因为如今计算机病毒流行,用人单位不愿打开电子邮件的附件,而是愿意直接看到简历;电子邮件的应征信要避免冗长。

(2) 在网上求职应确定具体目标,如求职单位、所求职位、报酬等,要向自己中意的单位发出求职信。

(3) 不要在一家用人单位同时应征数个职位。用人单位的人事部门主管比较喜欢专注于某一职位的应聘者,如果应聘的职位太多,就会被认为是"万金油",很可能会遭遇求职应聘的失败。

(4) 网上求职的不足之处是只见其文、不见其人,尽管网上可以传送照片,但也很难有面对面交流的互动性和感染力。因此,如果从网上获取信息后,不仅要把求职的自荐材料发送过去,还要努力争取与用人单位见面的机会,这样求职才能成功。

5. 社会关系

在寻找职业信息的时候,千万不要忽略了自己的社会关系,即你的家人、亲戚、同学、校友、朋友等,他们都可能在择业和就业的过程中助你一臂之力,他们会因为特别的关系而关心你,为你提供所知道的消息和情况。比如,家人所在单位有招聘需求,这种情况下,既可以为你提供信息,又可以向所在单位负责人员推荐。招聘单位每天可能收到数以十计甚至数以百计的求职信函,而且这些求职信函在内容上并无太大的差别,所述的求职资格和工作能力也都相差无几,谁也不比谁更为突出。那么招聘者面对如此众多的、没有多大区别的陌生人,有什么更好的方法去分辨呢?在这个关键时刻。如果本单位的人直接推荐你,也许就是最为有效的。

(1)家长和亲友。这是和自己关系最为密切的一群人,他们对你的职业问题会格外关注,把你的事情当成自己的事情来看待和处理。家长和亲友提供的职业信息一般来源于他们的社会关系或者他们所供职的单位。这些关系相对稳定,因而所提供的信息可靠性会很强,安全性会很高,而且他们会竭尽全力去争取,所以成功的可能性也很大。

通过家长和亲友的途径也有一定的局限性。主要是他们的信息渠道比较窄,他们能不能获得相关的职业信息往往会带有很大的偶然性,比如,他们所在的单位如果没有招聘需求,或者他们和人事部门不熟悉,也就不能提供什么帮助了。所以,家长和亲友这个渠道要依靠,但是不能依赖。更何况有的时候,他们推荐的职业机会也不一定是毕业生自己所愿意的或者所能胜任的。

(2)同学、校友和朋友。这是真正属于自己的社会资源,虽然总的来说不会很丰富,但是,同龄人之间的友情完全值得信赖,而且,将来在社会上发展,更多的也是要依靠这样的社会资源。同学、校友和朋友提供的职业信息一般具有这样几个特点:第一,往往就是他们本人所在单位的招聘信息,因而信息的可靠性比较强;第二,往往是所在单位领导委派他们和学校联系或同学联系,因而他们推荐的成功率比较高;第三,基本上属于小型单位的招聘信息,大型组织一般不会通过这种方式招聘员工;第四,基本上属于一线岗位的招聘信息;第五,同学、校友和朋友在提供信息的时候,往往还会同时介绍自己的亲身经历、体验和建议,使你不仅能得到职业信息,还能得到择业就业方面的指点。近几年,我国中小型民营企业发展很快,一些毕业生被录用后进步也很快,短短一两年就成长为单位的骨干,有些甚至成为部门(包括人事部门)主管。这些同学在得到本单位招聘信息或者受到单位领导委派招聘员工的时候,会首先想到自己的母校。会首先推荐自己母校的同学。所以,同学们在学校期间,要尽可能地结识往届校友,和他们建立联系,争取他们的帮助。

6. 主动出击

通过打电话的方式,询问用人单位是否招聘某专业或相关专业的高校毕业生。这种方式要求毕业生有一种"毛遂自荐"的意识,并对自己拟定的意向单位有大致的了解和预测。在缺乏职业信息的情况下,这种形式也不失为一种获取职业信息的方法。这种方法的优点是主动性强、节约时间、费用低廉,缺点是盲目性大。如果在打电话前能够进行认真准备,把所要咨询的内容以及所要讲的话罗列好,就会弥补其盲目性所带来的不足。打电话时要注意选在较为清静的场所,力求接听清楚。要注意选择通话的时间,在刚上班的时间、吃饭或午休的时间、临下班前半小时的时间,打电话的效果一般都不太好。打求职电话要礼貌、客气,要显示出诚意;通话内容要简明扼要、条理清楚,不要黏黏糊糊、拖泥带水,要争取见面机会;要做到认真、有诚意、幽默、开朗、活泼,要尽量用普通话,保持中速,不急不缓,使人听得清、记得准;要讲究语气语调,温和而有自信,自然柔美而有亲切感。这样就可以给用人单位留下良好的第一印象。在求职应聘中,良好的第一印象往往起着决定作用。

四、职业信息的分析

大学生最初搜集的职业信息较为粗糙杂乱,且真伪并存,必须经过信息分析,否则往往不能有效地指导职业活动。所谓信息分析,就是将搜集来的职业信息,通过去粗取精、去伪存真、由此及彼、由表及里的分析,使获得的信息更具准确性、全面性和有效性,进而为做出全面、正确的职业决策提供依据。具体来说,在对职业信息进行分析时,可从以下三方面入手。

(一) 真实性分析

真实性是职业信息进行分析非常重要的一个方面,真实性分析包括:用人单位信息是否真实有效;用人单位是否合法正规;招聘信息中公布的薪金待遇、办公条件是否能兑现等几个方面。为了弄清信息的可靠程度,可进一步通过电话、电子邮件向信息发布人直接咨询,或向其主管部门、协作单位咨询。

(二) 匹配性分析

匹配性分析,就是从职业信息中筛选出自己较为中意的用人单位,根据用人单位列出的招聘条件、岗位要求等,与自身条件进行对比分析,不断调整和优化自己的求职目标。在求职的专业领域或岗位、薪酬工作环境、个人发展的可能性等方面,使自己的求职目标更贴近实际。对自身条件与用人单位需求进行分析匹配,当自己的某些专长和条件正符合用人单位需要时,此时离就业成功就很近了。

(三) 竞争性分析

职位的竞争程度与该职位的计划招收人数及应聘该职位的人数有关。当今就业形势日益严峻,一个职位往往有许多应聘者竞争,特别是热门专业。如果毕业生在众多的职业信息面前只挑选待遇最高、发展前景最好的职位,那么也意味着竞争激烈程度越高,淘汰率越高,有可能会使自己陷入"一厢情愿"的尴尬境地。对竞争程度的估计,一要看自己的专业特长、学业成绩与综合素质能力;二要看符合这个职位的应聘者人数;三要看其他大学生对该招聘单位的评价情况,即单位的热门程度如何,喜欢这个单位的人越多,应聘者当然也就越多,那么成功应聘此职业的概率也就越小;四要看该招聘单位计划招收的人数。总之,毕业生在求职过程中对职位的竞争程度要做到心中有数,"不求最好,但求较好",在个人的职业理想与现实客观之间寻找一个较好的结合点。

五、职业信息的运用

我们对职业信息进行搜集、分析、筛选、归类的最终目的是为了更好地利用这些职业信息,找到理想的职业目标。职业信息的运用包括以下几点。

(一)了解目标单位信息

毕业生一旦从众多的职业信息中发现中意的职业目标,就要及时对用人单位进行更为全面的了解,尽可能多地搜集有关目标单位的信息。这样,一方面可以确认信息的真实性;另一方面,对用人单位了解得越多,越容易在随后的面试中给对方留下良好的第一印象。需要了解的用人单位的信息包括以下几个方面:单位的全称及其所有制;单位及预求岗位的工作环境;招聘单位对大学生的具体要求;预求的职业岗位在招聘单位中的地位和作用;单位的地理位置;单位是否得到工商部门的认可;单位的业务内容、生产项目或主要产品等;单位的知名度、发展前景;晋升、学习的机会;单位的管理体制及其组织机构;现企业职工对企业的评价;工作的劳动强度;企业的福利、工资、津贴、住房、医疗保险、养老保险、生活设施等。

(二)灵活运用职业信息

面对职业信息,许多毕业生首先会考虑自己的专业、学校、学习成绩、政治面貌、身体条件等是否与用人单位招聘条件完全相符,一旦发现不符合就放弃,这是一种机械的、不可取的态度。实际上，大学生应该冷静认真地分析自己的优势，灵活对待职业信息，不要因某个次要条件达不到用人单位的要求而轻易放弃，应该相信自己的实力，努力尝试和争取，这样可能会有意外的收获。

（三）共同分享职业信息

由于每个人的兴趣爱好不同、价值观不同、专业兴趣不同，往往同一班级或同一宿舍的同学职业理想相距甚远，有些信息可能与自己的目标不一致，没有什么价值，但对别人来说可能很有用，甚至是别人求之不得的。在这种情况下，你可以把这些信息提供给别人，千万不要当成垃圾信息予以抛弃，或者不愿意让别人知道这些信息。要知道，帮助别人就是帮助自己，你主动为其他同学提供职业信息，他们不仅感激你，而且发现了好的用人信息也愿意与你分享，这样的信息共享有利于收获更多有价值的信息。

第四章 决策千里：职业生涯决策理论认知

生涯决策指的是对生涯发展过程中面临的各种事件进行选择和决定的过程。当人面临职业生涯中每一次抉择时，拥有成熟的决策态度，具备较强的决策能力，并采取适当的决策方式，运用科学的决策方法，就更有可能形成清晰的职业目标，进行有效的职业规划，做出明智的职业选择，也更有助于获得与自身特点需求更匹配的工作，进入与自身价值观更为相符的组织，对职业的满意感更高，离职倾向更小。

第一节 职业决策的内涵

职业决策在大学生职业选择和人生发展中起着至关重要的作用。影响职业决策的因素有三个方面，即个人因素、家庭和成长环境因素、社会环境因素。要在大学生发展的关键时期对其进行职业生涯决策培养，对大学生职业决策困难进行深入的研究，使大学生能够成功地做出职业生涯决策。

一、生涯决策态度

生涯决策态度源于美国职业指导专家提出的职业成熟度概念，是指个体对职业选择和决策所持有的一些观念、态度和倾向。

心理学家通过研究发现,对于正处于职业选择状态的青年人来说,职业选择的成熟性取决于自信心、独立性、确定性、妥协性、进取性诸方面的表现。成熟的生涯决策态度有助于人们更加顺利地做出适合自己的职业选择和决策,以及能帮助人们获得更高的职业满意感和职业上的成功。

(一)自信心

具有自信心的人往往会产生不卑不亢的求职态度,他们会认为现在的应聘是双向选择,用人单位有权利去选择我们毕业生,而我们毕业生同样也有资格和权利去挑选一个适合自己专业和特长发挥的单位。有了这种想法后,求职面试时可能产生的恐惧、紧张心理就会消失了,从而更好地发挥出自己的应有水平。信心不足的大学生往往有较强的自卑感,对自己的能力缺乏了解、缺乏自信心。他们往往还没有"上战场"就打退堂鼓,特别是面对多人面试的场合。

(二)确定性

有的学生即使到了毕业的关头,对自己的技能和兴趣还是不能做正确的评估,就业目标不明确,对工作挑三拣四、对自己没有准确定位,瞻前顾后。明明自己的技能水平是操作工,却总幻想着一步到位坐办公室、当管理人员,好高骛远,不能脚踏实地。要认定自己的兴趣和理想,择业若只从经济角度考虑,工作便会变得乏味;相反,若工作承载着自己的兴趣和理想,必定干劲十足,获得满足感。所以,求职时必须彻底了解自己的性格、能力、兴趣和理想,这并不表示求职者要过分限制自己的择业范围,认定自己的兴趣和理想之余,亦应抱开放的态度去进行尝试,才能提高成功率,更容易找到合适的工作。一些毕业生对就业不抱任何希望,就业热情不高,出师未捷"心"先死。一名大学生应在踏入社会之前,调整好自己的心态,不要因为自己是大学生过于高估自己,而是应该客观地看待专业,给自己一个定位,做好足够的心理准备,尽早对自己的职业生涯进行规划,设定特定的目标,进行有针对性的锻炼。

(三)独立性

独立性是指主体活动自我决定性,即主体活动具有不依赖于外在力量,独立地支配活动的意志和能力。自主的人,具有自立、自为、自强的品格特征,既是外部客观环境的积极调控者,又是自我意识的主导者,既能够认识自己和自己的主体地位,能支配和选择自己的前途与命运,又能自然而又充分地显示个人的潜能、意志和魅力,表现出独特的能力和品质,最大限度地求取发展。

有些同学依赖性大,主动性差。一次就业不成就放弃了,不主动出击寻找工作。个别学生屡次就业不成功,依靠家长或者学校,不尝试通过别的途径去找,即使是校园内的招聘会都不去参加,更不用说社会上的招聘会。

(四)进取心

当今的世界称为竞争的时代,大到国与国之间的对抗,小到人与人之间的竞争。竞争冲击着人们的事业和生活,冲击着人们的意识和思想,在求职择业上亦是如此。如果在激烈的竞争中,没有乐观向上的拼搏精神以及强烈的进取欲望,是很难获得成功的。相反,如果你是一位乐观向上、积极进取的求职者,总是能把每一个面试机会看成是可遇而不可求的好机会,那么新的成功机遇随时都可能在向你招手。

二、职业生涯决策能力

职业生涯决策能力是指个体获得有关自我与职业的信息、做出明智的职业决定、进行职业规划并实施规划、达成目标的能力,是个体生涯规划和决策制定中最重要的因素之一。心理学家对青年人的职业选择的研究发现,职业选择能力具体涵盖了四个方面：信息搜集能力、自我评价能力、行动规划能力和问题解决能力。

（一）信息搜集能力

当今是一个信息爆炸的社会,大到企业的战略决策,小到个人的求职应聘,都离不开信息搜集。可以说一个人的信息搜集判断能力在某种程度上或某个阶段决定了一个人的成就。

网络给我们提供了一个很好的信息平台。网络无国界、传播速度快、信息共享等特性,使得许多新技术、新方法能够最快出现在网络上。这就要求高校加强对大学生利用网络搜索信息的宣传,使大学生认识到从网上搜集、获取信息是最方便、最快捷、最常用的方法,使他们养成有问题时想到在网上搜索、交流、解决问题的习惯。要开展各种途径的宣传,使利用网络搜索信息得到更多大学生的重视,以此加强大学生的网络搜索意识和技能培养。

大学生仅有利用网络搜索信息的意识是不够的,教师还要教给他们使用各种搜索工具获取信息和对信息进行分析、加工的本领。不同的搜索工具,有不同的搜索技巧,适用于不同的内容搜索。大学生对搜索技巧的学习一方面可以通过学生间的交流,另一方面需要学校进行专门教育。高校可以开设《网络信息处理技能》公选课,供各专业学生选修;可以进一步把网络信息处理技能做成电子课件,放在学校网站上供学生们下载学习;可以开辟专门的网络信息处理技能论坛,供广大师生交流和参与;还可以鼓励学生间的交流和相互学习,发挥学生的创造性。总之,高校要制定有效的措施,多方面、多渠道地对学生进行网络信息处理教育和培训,使他们能掌握信息搜索、分析、加工等网络信息处理技巧。

（二）自我评价能力

自我评价是指主体对自己思想愿望、行为和个体特点的判断与评估。自我评价不仅是保证学习活动顺利进行的自我调控机制,而且与学生的心理健康状况密切相关。就大学生择业而言,自我评价是大学生择业意识从"我想干什么"的幻想型转变到"我能干什么"的现实型上来的过程,也就是实现择业者知行统一的过程。自我评价是建立在自我观察与自我分析基础上的自我身心素质的全面评估。正确的自我评价应把握如下原则。

①适度性:不过高或过低地评价自己。

②全面性:既要看到自己的优点和特长,又要看到自己的缺点和不足;既要对自我某一方面的特殊素质进行具体评价,又要对其他各个方面的整体素质进行综合评价;既要考虑到全面的整体因素,又要考虑到其中占主导地位的重点因素。

③客观性:应努力克服个人主观因素的干扰,努力使自我评价趋于客观和真实。

④发展性:应以发展变化的眼光看待自己,要运用测评手段,使个人能够在短期内获得对自己较为客观的描述和评价,从而客观准确地评价自己。

(三)行动规划能力

大学生要实现自己的职业目标必须在大学期间进行充分的准备,"练好内功"。我们每个人选择的职业目标不同,选择的路径也不相同,每条路径中为实现目标做出的准备内容也不尽相同。但总的来说,在大学期间需要进行两方面的准备:一方面需要培养自己的综合素质和通用能力,另一方面还需要培养专业素质和专业技能。在保证学业的前提下,大学生应该尽可能多地接触社会、参加社会实践、锻炼能力、积累工作经验,做好由"学校人"向"社会人"转变的准备。

(四)问题解决能力

大学生必须具备在实际工作中及时发现和有效解决各种问题的能力和技巧,这种能力和技巧不是与生俱来的,也不是单纯在大学课堂里能够学到的,需要通过一定的途径培养。 解决问题的能力培养虽然是一个实践性很强的课题,但也必须要有基本的知识积累和理论指导。大学生在就业前的学习中,应重点理解并掌握解决问题的有关理论知识和基本的方式方法,如发现、分析、归纳问题的方法,对比选择、逻辑判断和推理的相关知识,信息检索、文献查询、资源利用的有关方法,撰写工作计划、总结、评估材料的相关知识,解决问题的技巧,与他人合作的知识和方法等。其中,目标关注能力、计划管理能力、观察预见能力、系统思考能力是关键。个体的问题解决能力越强,越能够做出明智的职业决策,从而实现自己的职业目标。

三、职业生涯决策风格

由于个体的先天遗传因素和后天环境影响的差异,不同的人在面对选择时,决策方式也不尽相同,根据生涯发展学专家的研究,人的决策方式可以归纳为理智型、直觉型、依赖型、回避型、犹豫型。

(一)理智型

理智型的人做出的决策合乎逻辑,他们善于系统、充分地收集与决策相关的信息,并且分析各个选项的利弊得失,以做出最佳的决定。这类人强调综合全面地收集信息、理智地思考和冷静地判断分析。例如,高中毕业生小杨在高考完后估算了自己的分数,然后开始研究大学招生的各个专业以及这些专业的就业形势,筛选出了心理学、证券投资学和商务英语这三个专业,并研究了近几年各个高校的招生形势,最后经过分析各方面的利弊,选择了最适合自己的那所高校的心理学专业。他在大学四年学到了很多自己感兴趣的东西,并且毕业后顺利考取硕士研究生,他没有后悔当初的选择。

（二）直觉型

直觉型以自我判断为导向，凭借在特定情境中的感受或情绪反应做决定，他们在信息有限时能够快速做出决策，他们一般能为自己的选择负责。这种类型的人做决策主动，也很随性，跟着自己的直觉走，但直觉却不一定正确。例如，直觉型的人可能会这样思考：今天心情不错，我出门就不带伞了（心情好不好和是否下雨之间没有联系）。

（三）依赖型

依赖型倾向采用他人建议与支援，往往不能承担自己做决策的责任。这种人在面对问题时，很少或从不尝试自己去解决，一切听从父母、老师或朋友的意见，但他人的意见不一定适合自己的实际情况。例如，小刘从小就倾向于听从别人的意见，他害怕自己选择的是错误的而要承担责任。在选择本科专业时，他听从父母的建议选择了一所医学院校。尽管他门门课程优秀，顺利考取了研究生，却实在提不起兴趣，郁郁寡欢，最终患上了抑郁症。

（四）回避型

回避型做决策时拖延不果断，倾向于不考虑未来的方向，不知道自己的目标，不思考，也不寻求帮助。回避型决策者最大的特点是行为退缩，心理自卑，面对挑战多采取回避态度或无能应付。

（五）犹豫型

犹豫型虽然会收集很多的相关信息，但却常常处于犹豫不决、难以抉择的状态。犹豫型和回避型的区别在于犹豫型会收集相关信息，而回避型什么也不做。例如，李丽现任某大型消费品企业产品推广专员，她已经工作两年了。公司的福利不错，常组织出去旅游，但李丽感觉目前的薪酬状况不理想，而且目前的职位无法让她得到进一步发展。她到处寻找求职信息，最终看中一个销售经理的职位,但半年过去了,她却还在犹豫是否要跳槽。

看了上面的基本分析,相信大家对决策风格类型有了进一步的了解。研究发现,大多数学生决策风格是理智型的,最突出的职业决策困难主要表现在回避型和犹豫型。

四、大学生职业决策的任务

大学时期是职业生涯发展的重要阶段,职业决策无疑是其中关键的一步,直接影响到职业目标和行动计划的制定。对于大学生而言,需要认真思考自己想做什么、能够做什么、应该怎么做。大学生职业决策的任务,总体来说就是选择适合个人的职业发展方向、明确目标、选择实现路径。因此,在大学阶段需要完成3大职业决策任务:选择职业方向、选择职业目标和选择职业路径。

毕业后生涯方向通常有3种:就业、创业、升学深造(考研、留学等)。根据之前的自我认识,充分了解自身需要、能力、特点,客观评价自我,分析自身的优劣势及是否具备相关素质,不断澄清,找准定位,从而明确职业方向。职业目标可细分为职业(职位)选择、行业选择、组织选择和工作区域选择等方面的目标。根据自己的职业价值观、发展战略、求职条件来选择用人单位的性质、大小和发展规模。通过前期工作实践探索中收集到的有效信息,结合所学专业、兴趣能力、行业前景、职业资源等选择要从事的行业,全面分析,确定自己将要从事的职业和职位。

职业决策的任务除了解决"去哪里""做什么"的问题,还需要解决"怎么做"的问题。选择实现路径时,我们一般采用倒推法和分解法,将目标任务分解成多个短期的阶段。如大学职业生涯可以按学年分成四个阶段,而后进行路径的选择和行动。对于大学生来说大学期间会面临很多更具体的决策难题,可以通过阅读、观察、访谈、实习、社会实践、参与项目等方式,明确自己的职业路径,从而科学、快速、有效地完成职业决策任务。

第二节　影响职业生涯决策的因素

一、职业决策的影响因素

职业决策的影响因素是多方面的,包括受教育程度、家庭因素、职业因素、个性因素和环境因素等。

(一)受教育程度

一个人的受教育程度与他的职业决策关系密切,因为受教育程度会对劳动者的知识结构、职业能力和职业价值观等产生重要影响,而这些恰恰是职业选择和决策的决定性因素。

(二)家庭因素

在中国,个人的职业决策常常受到家庭的深刻影响。一方面,子女必然会受到家庭职业传统观念的影响;另一方面,父母的价值观、态度、行为、人际关系等对子女的职业选择也有着直接或间接的影响。

(三)职业因素

所选择行业的特点、现状、未来趋势、就业竞争状况等因素,对个人的职业决策具有重要影响。

(四)个性因素

个性因素是影响职业决策的关键因素,个性主要包括性格、气质、能力及能力倾向、价值观、态度等。不同性格、气质、能力的人适合不同种类的工作。

（五）环境因素

任何个人的职业选择和职业发展都无法摆脱政治经济形势、产业结构变动和社会环境等因素带来的巨大影响。所以，个体在进行职业决策时，要充分考虑这些因素。

此外，个体还应该对给职业决策造成障碍的因素多加注意。例如，信息缺乏、信息失当、信息过多易造成职业决策困难；缺乏决策相关知识和经验易造成决策错误；焦虑恐慌、急于求成、随波逐流、虚荣攀比等易造成决策失误；幻想侥幸、懒散消沉、畏缩怯懦、挑剔苛求、依赖他人等易造成决策困难。

二、常见的决策误区

（一）决策意识淡薄

职业决策需要大学生自发完成，"95后""00后"大学生已经开始接触职业生涯规划，但是缺乏决策意识，没有认识到自己才是职业决策的核心，发挥自身主体性作用是职业生涯中的关键。部分大学生职业生涯规划意识较弱，紧迫感和行动力不足，对就业形势认识不清，认为跟着趋势自然会有决策或在生涯决策中较少努力。因此，未能从依赖转向独立，希望在别人的帮助下做出决策，被动地等待和依赖，难以做出有效的职业决策。

（二）自我认识不足

自我认识是职业决策的重要依据和前提。目前大学生正处于生涯的探索阶段，部分大学生在自我探索时过于依赖正式评估中的测评结果，非正式评估时忽略了其他方面，导致探索方向不准确，对自己的兴趣、性格、能力和价值观没有进行深入准确的发掘。部分大学生在选择职业时比较关注自身利益，较少考虑社会利益，比如，在选择职业时对工作待遇、福利过分看中。一些大学生缺乏实践经验，个人能力和社会需求存在较大差异。这些自身认识不足、与现实发生冲突等问题,都会影响决策的有效性。

(三)信息获取不充分

职业信息的充分性会影响到职业决策的效果。一些大学生获取职业信息主要是通过家人、朋友、老师和网络等,往往只能获取到职业外在的少数有限信息,而对行业发展趋势、社会需求、职位环境、成长发展路径缺乏深入了解。虽然部分大学生通过实习实践增加了个人职业经验,但是也只获取到了碎片化的信息,难以据此做出准确决策。

(四)缺乏决策主动权

职业决策中,个人必须掌握决策的主动权,缺乏决策主动权将无法进行个人职业决策。在高中阶段,进入大学是学生唯一的奋斗目标,其较少考虑自己的兴趣、爱好、特长,也较少有决策机会,志愿填报也往往是由父母和老师来决定。进入大学后,部分学生虽有主动权,但重要事件仍由家长进行决策,缺乏决策训练,决策能力不足,导致学生依赖他人或放弃决策。

三、影响职业生涯决策的阻力因素

我们在做职业生涯决策时,要考虑三个方面的因素,个人因素、家庭因素和社会环境因素。

(一)个人因素

(1)知识和信息。个体缺少决策经验和决策知识,缺乏决策程序和决策技巧的相关知识,对于行业信息缺乏了解等,都会限制个人职业生涯决策的制定。

(2)个性特征方面的因素。比如意志薄弱、依赖他人、缺乏自信心、非理性信念的影响、动机冲突、能力等都属于个性特征方面的因素。

个人的职业选择很容易受到外界的影响和干扰,例如,自己喜欢做销售,而家人和朋友却说女孩子做销售不合适,还是当老师吧,工作又稳定还不需要东奔西跑。如果这时对自己缺乏信心,喜欢依赖别人,就很容易改变自己的职业生涯决策。

生涯理论中,有一种非理性信念认为很多职业困惑者的职业问题,可以归结为其对自身和职业世界的理解,以及在此基础上做出的决策的非理性的信念。

例如,"测验和专家告诉我适合做什么""我现在不做决策,或许有更好的职业等着我""只有赚大钱的工作才是好工作""只要我有兴趣,就一定能成功"等等,这些对职业生涯决策的负面影响很大。但个人心中的这些非理性的信念,自己很难发现,因此,在非理性信念影响下的职业决策较困难,大多需要借助老师或专业咨询人员的帮助才能顺利做出决策。

(二)家庭因素

每个人都不是完全孤立的个体,我们和周围的家人朋友有着千丝万缕的联系。这些联系往往会影响你做出的每一个决定。

现在的大学生职业生涯决策,经常会受到父母、同学的影响,到成家以后,你的一些决策,往往又会受到爱人、孩子的影响。研究表明,那些与家庭其他成员融合得极其密切的人,也就是在家庭中个人界限不是很明确的人,往往在决策中很难保持自己的情绪和心理上的独立。另外,如果家庭中的成员之间没有办法在义务、经济、责任、价值观等方面达成一致,也会阻碍个人的职业生涯决策。

在这种情况下,需要个人明确自己的界限,才能做出决策。例如,什么时候需要自己独立决策,哪些方面要考虑家庭成员的因素。有些事情是有能力、有义务去做的,有些事情是力所不及的。当阻力产生时,和家人、朋友之间进行良好的沟通是非常必要的,这样才能让自己的职业生涯决策得到家人和朋友的认可和支持。

第四章　决策千里：职业生涯决策理论认知

(三)社会因素

大学生在做出职业生涯决策的时候,不仅要充分地考虑个人因素和家庭因素,社会因素也要考虑到位。社会因素一般包括经济、历史、政治、文化等,这些因素也会影响你有效地做出职业生涯决策。

1. 地域的影响

城市学生与农村学生在职业生涯决策整体差异不显著的原因主要有以下几点。首先,随着我国高等教育大众化的不断推进,目前我国高等教育毛入学率超过24%,按照国际标准,我国已经进入高等教育大众化阶段,大学不再是精英教育的象牙塔。同时为了帮助贫困学生能够有机会进入高等学府学习,国家拨专款资助贫困学生完成学业。这就使得越来越多农村学生有机会接受高等教育,与城市孩子的教育水平差距不断缩小。其次,我国城市化进程中,城乡差距不断缩小,两者界限逐渐模糊,尤其是在经济发达地区,城乡已融合为一体。农村经济呈现良好的发展态势,农民生活经济水平大幅提高,已经部分具备独立承担高等教育经费的能力,同时农民对子女的教育越来越重视,在思想上也愿意将他们送入更高学府接受教育,因此农村学生无论是在经济上,还是教育水平上,与城市学生差距不断缩小。

但是,虽然城乡差距不断缩小,但是还是存在一定差距。相对来说,城市教育条件较好,具有先进的教育设备、雄厚的教师资源、充足的教育资金,除了教授学生理论知识,更加注重锻炼学生的实际操作能力和人际交往等其他能力,农村教育条件有限,父母教育水平较低,使农村学生知识面较为狭窄,接触事物有限,所以在某些方面农村学生自信心较低。

2. 榜样或舆论的影响

大学生在选择职业时除了受到父母和学校的影响外,还会受到同伴和社会树立的榜样或社会舆论的影响。调查中发现,24.2%的学生会受到社会树立榜样的影响,他们有时会忽视自己的兴趣、标准,以社会树立的榜样为参照标准树立自己的职业目标。有时是受到社会舆论的影响,他们倾向于选择社会评价较高、受到社会尊重的职业,例如公务员、教师、医生等,而不顾自己的实际情况。

个体职业兴趣领域内的成功人士对其职业目标的确定影响很大,马斯洛的需要层次理论指出,在一个群体中个体有尊重和爱的需要,受到社会尊重、得到他人喜爱是个体在实现社会价值过程中获得的精神上的愉悦,这也是个体在进行职业生涯决策时主要考虑的因素。

3. 性别的影响

对于女性的性别歧视严重阻碍着女性的职业生涯规划,年龄歧视也可能导致女性求职困难,例如参加工作几年后,有的女性辞职去读研,研究生毕业后却没有用人单位接受,因为年龄已经超过35岁,这些困难的确在社会中存在,需要在许多决策过程中慎重考虑,特别是金融危机还未退去,我们如何做出一个合理的职业生涯决策,克服来自社会的干扰,在这种经济环境下至关重要。

四、大学生职业决策的困难

在现实生活中,有的人能够很快地做出职业决策,有的人则出现职业决策困难。职业决策困难是指求职者在进行职业选择过程中可能遇到的各种困难,如缺乏准备,缺少招聘信息、缺少科学决策的技巧、对自身了解不足等。大学生由于处于职业选择和职业定向的初级阶段,更容易出现职业决策困难。职业决策困难

第四章　决策千里：职业生涯决策理论认知

不利于大学生做出正确的职业选择，会直接影响到他们的就业，并造成人力资源的浪费。

（一）职业决策困难

职业决策是过程而不是结果，因此，职业决策困难在整个决策过程中均有体现，包括职业决策意识的困难，信息收集的困难，产生、评估、选择替代方案时的困难，决策执行中的困难等。

表 4-1　职业决策困难分类表

困难类别	判断条目
职业决策意识	未察觉到做决策的需求 不知道做决策的过程 知道需要做出决策，但不愿意承担决策的责任
信息收集	因信息不充分、不一致而感到困难 因信息过量而感到困难 不知道如何搜集、组织和评估资料 因信息与个人认同的概念不一致而不愿意承认信息的有效性
产生、评估、选择替代方案	由于面临多重生涯选项而难以做出决定 由于自身条件，如健康能力、受教育程度等的限制而无法产生足够的选项 由于害怕失败、害怕承诺而产生焦虑感无法做出决策 由于受人际关系、冲突、情境、资源等的影响，而使个人选择受到局限 不知道评估的标准，如性格、能力、价值等
决策执行中	决策执行中不知道形成决策的必要步骤 不知道在未来的决策中需要完成哪些事情 不愿意或没有能力获得必要的信息以形成决策

（1）大学生职业决策困难的特点。

第一，女生比男生存在更多的职业决策困难。

职业决策困难也存在性别差异，女生比男生更加犹豫不决，更缺乏获取信息的方式。究其原因有二：从个体角度来看，女生由于性格特征和生理特点，在职业决策中对于职业的稳定性、匹配度和从业环境等因素考虑更多；从社会环境角度来看，受传统的性别角色观念的影响，女生能够从事的职业明显少于男生。

第二,多数大学生的职业决策困难源于"信息焦虑症"。

如果将职业决策"有困难"与"无困难"学生相比较,可以发现两者有着显著差异。与没有职业决策困难的人比较起来,有决策困难的人拖延进入决策过程,理想性更高,也更努力搜集大量信息。因此,许多大学生的职业决策困难来自于"信息焦虑症"。

(2)大学生职业决策困难产生的原因。

造成大学生职业决策困难的原因很多,主要有缺乏准备、缺乏信息和信息不对称。缺乏准备包括犹豫不决、职业信念和决策信念错误等。犹豫不决是大学生在进行职业选择时最常见的问题。究其原因,许多大学生对职业定位不清,易受各种因素的干扰,如高收入的诱惑、家庭的干预等。错误的职业信念和决策信念,如"只要有兴趣,就一定能成功""工作一定要在大城市"等对职业决策的影响也是不容忽视的。缺乏信息是指缺乏决策过程的信息、缺乏自我信息、缺乏职业信息或缺乏获得信息的方式等。信息不对称包括信息的可信度不高、内部冲突和外部冲突等。其中,内部冲突是指现实需要与个人偏好不一致,外部冲突是指自己的决策与他人(如父母)的意见不一致。

(二)职业未决状态

大学生"职业决策困难问卷"和"我的职业情境量表"的调查结果表明,在校大学生基本上处于职业未决状态。职业决策困难的总体等级处于中等水平。造成这种状况的原因,一方面是在校一到三年级的本科生或一、二年级的高职高专生,没有直接面对就业的现实,大多处于观望阶段,对于他们来说"还有充分的时间来考虑这个问题";另一方面由于就业形式的不景气,很多学生急功近利,在三年级的时候就走上了考研的漫长之路,以此来获得逃避就业的一条出路。但这毕竟是非常暂时的选择,很多同学在考研的过程中也同样充满了迷茫,他们在自己的生涯发展面前一直采用"跟着感觉走"的策略。他们大多缺乏对职业的熟悉,更不要说将自己的职业意向与职业选择乃至整个生涯规划相联系了。大学阶段正是个体发展彻底成熟的时期,学生们结束了相对单纯的校园生活,即将面对复杂的社会,在这个时期确定职业目标,规划生涯发展计划显得尤为重要。因此,一方面,高校的职业指导部门要从新生入学开始,培养学生进行职业决策与解决实际问题的能力;另一方面,大学生作为行为的主体也要培养自己在纷繁复杂的世界中的自我决策能力。

第三节 职业生涯决策的原则及步骤

一、职业生涯决策的原则

生涯决策指的是对生涯发展过程中面临的各种事件进行选择和决定的过程。作为一个生涯决策者,要想做出合理的决策,就必须认真研究解决好决策相关问题,掌握和遵循决策的基本方法和原则。科学的生涯决策必须依据以下原则进行。

(一)客观性原则

客观性原则是生涯决策的首要原则。优秀的决策者必须坚持实事求是,一切从实际出发,按照客观规律做决策。

(1)客观认识自我

根据"职业生涯规划测评"等方法,客观分析自己的职业兴趣、职业能力、职业价值观、个性特征等,了解自己喜欢干什么?能够干什么?适合干什么?最看重什么?人与岗位是否匹配?作为设定职业生涯目标和策略的基础,做出准确的职业定位。

(2)客观评估职业

通过多种途径,尽可能获取目标行业、目标职业、目标企业(用人单位)的相关信息,结合自己的专业情况、就业机会、职业选择、家庭环境、社会需求等因素,理性评估职业机会,以此作为设定自己职业目标的基础。

在权衡各种情况之后,当一个人原来的就业意愿暂时不能得到满足时,要根据社会需要做出新的选择。

①根据社会需要做出新的选择,走另一条职业道路。

②选择一种与自己的"理想职业"相接近的职业,继续接受教育培训,积累就业条件。

③先到社会上容易就业的职业岗位上去工作,再根据自己在这一职业的工作情况,决定是否进行职业流动。

(二)生存优先原则

2020年全国高校毕业生人数达874万人,相比2019年增加了近40万人。自2011年以来,全国毕业生人数按照2%—5%的同比增长率逐年增长,据有关方面预计,除了毕业后选择就业的应届毕业生,加上留学归国、待业准备就业的大学生等,每年的就业人员达到"1000万+"的规模。

面对复杂严峻的就业形势,如果在求职择业上不能摆脱传统观念束缚,认为读了大学,手握文凭,就应做个"白领",除了"白领"的位置,其他一切岗位都不屑一顾,又或者对报酬收入、福利待遇的期望值过高,不是高薪职位就概不考虑,那就会自误其事。高职毕业生要先找到一份可以维持生活、达到经济独立的工作,然后再谋求进一步的职业发展。

(三)兴趣所在原则

职业定向要遵循自己热爱、择己所爱的原则。它是指在选择职业方向时要适当考虑自己的兴趣与爱好。从事一项自己所喜欢的工作,工作本身就能给人一种满足感,职业生涯也会从此变得妙趣横生。兴趣是最好的老师,所以,大学生在做职业生涯决策时,要珍惜自己的兴趣。

但是,兴趣爱好也并不总是起正向的驱动作用,有时可能会是一种耗散力。比如,有的大学生对什么都感兴趣,没有形成自己的特长,就不能形成职业优势;有的大学生兴趣与所学专业不一致等,给职业生涯决策带来困惑。这就要求大学生在职业生涯设计时,应对自己的兴趣有一个客观分析,对自己的兴趣爱好进行重新培养和调整。

（四）自身优势原则

职业选择要遵循发挥个人优势、择己所长的原则。不同职业对从业者有不同的素质要求,而一个人不可能将所有技能全部掌握,所以在选择职业时,应考虑能否发挥自身特长。根据自己能力所长选择职业,不仅有利于出色完成本职工作,还有利于在职场竞争中占据制高点。

二、职业生涯决策的步骤

（一）列出职业选项

咨询者首先需在平衡单中列出有待深入评量的潜在职业选项(3—5个)。

在整体上,我们可以将目标决策分为三个步骤。

（1）选择目标,并要确保这些目标都是明确的、具体的、现实的。

（2）设定目标,确保目标的达成是可衡量的和现实的。

（3）制订行动计划,并确保这些计划都是以行动为导向的,是可追踪、可评估、可调控的。

1. 选择目标

正如前面章节所言,你可以有很多的人生目标,但最后能作为你毕业时的事业目标的一般只会是一个。一种好的方式就是考虑你的梦想或者生活中于你而言最为重要的事情,又或者是你想改进的方面。你可以从以下方面设立你的目标:你的职业生涯、你的社会地位、你的教育背景、你的技能、你的收入与存款、你的身体健康状况。在设定目标的时候,你必须考虑什么时候实现这些目标。如果不给你的目标设立一个实现期限(deadline)的话,你的计划就会被拖延症所打败。你的时间期限可以为:

短期的:大学期间的学年目标,以 1 年为期限;

中期的:大学毕业后要实现的生涯目标,以 3—5 年为限;

长期的:面向大学毕业后 3—5 年而设,以 5—8 年为限。

更长远的目标确定或行动计划是很不现实的,短期的目标才是最为重要的。比如计划出国留学深造,可以设置如下目标:

短期:大二了解澳大利亚留学的要求;大三雅思成绩达到 6 分或更高,并且确保自己的 GPA 保持较高水准;大学毕业后顺利申请到澳大利亚的大学留学。

中期:本科毕业后到澳大利亚留学,并获得硕士学位。

长期:利用海归的教育背景,在跨国贸易公司获得一个中层管理者的职位。

2. 设立目标

你必须给每个目标设立子目标,以作为你实现最终目标的更具体的途径。子目标最重要的特征是可衡量性。子目标是最终目标的可衡量标准,也是具体的行动方向。可以说,没有子目标,你不可能知道自己如何向最终目标靠近。示例:

最终目标:大学毕业前英语水平达到优秀。

子目标:通过英语六级考试,并且雅思成绩达到 6.5 分以上。

在这个示例中,"通过英语六级考试""雅思 6.5 分"就属于可衡量的。两类考试都有具体的、规定的考试时间,并且分数提供了具体的参照标准。

3. 制订行动计划

对于最终目标和每个子目标,都需要有具体的行动计划来予以支撑。行动计划必须是非常具体的,包括把目标变为行动的具

体措施、资源支撑、时间限定等。对于短期的子目标,你的行动应该是可以马上开始着手做的事情。我们可以看以下的示例:

最终目标:提高英语口语的自信心。

子目标:至少每周一次与英美人士交流,从而提高自己的口语自信。

行动1:在英语课的课间,主动向外教请教问题,或与他闲聊2分钟。

行动2:下周邀请外教一起喝茶聊天。

行动3:每周定期参加英语角活动,用英语对话和演讲。

(二)判断利弊得失

平衡单中提供咨询者思考的重要得失,集中于四个方面,分别是:自我物质方面的得失,他人物质方面的得失,自我赞许(精神方面)的得失,他人赞许(精神方面)的得失。咨询者可依据重要的得失方面,逐一检视各个职业选项,并以"+5"至"-5"的十一点量表(+5,+4,+3,+2,+1,0,-1,-2,-3,-4,-5),来衡量各个职业选项。

(三)因素加权计分

咨询者在各个方面的利弊得失之间,会因身处于不同情境而有不同的考量。因此,在详细列出各项考虑层面之后,须再进行加权计分。即对当时个人而言,重要的考虑因素可乘以1~5倍分数,依次递减。

(四)选项得分汇总

咨询者须逐一计算各个职业选项在"得"(正分)与"失"(负分)的加权计分与累加结果,并计算各个生涯选项的总分。

(五)排定优先顺序

最后,依据各职业选项在总分上的高低排定优先次序。职业选项的优先次序即可作为咨询者职业生涯决策的依据。

第四节 职业生涯决策的方法

对于大学生而言,正处在个体职业生涯的探索阶段,这一阶段对职业的选择及今后职业生涯发展有着十分重要的意义。因此,在设计自己的职业生涯时,你需要全面地进行自我分析,做出正确的职业生涯决策,这是非常必要的。

一、卡茨模式

在面临两个及两个以上职业选择时,卡茨模式(图4-1)是最简单易行的决策方法,它主要使用职业决策方块作为工具。将每个职业在"回报"和"机会"两个维度的结果呈现在职业决策方块中,回报与机会乘积最大的职业,就具有最大的期望价值。

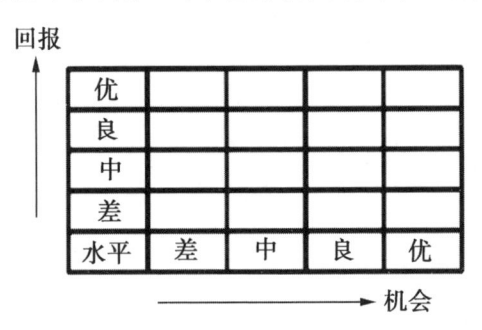

图4-1 职业决策方块

使用卡茨模式进行职业决策一般遵循以下几个步骤。
①选择供决策的2—3个职业。
②针对每个职业的回报进行优、良、中、差的评价:价值满足

第四章 决策千里：职业生涯决策理论认知

程度、兴趣一致程度、擅长技能的施展空间。

③对每个职业的成功机会进行优良中差的衡量：工作能力、必须的准备、职业展望。

④将每个职业在"回报"和"几率"两个维度的结果呈现在"决策方块"上。

⑤回报与机会乘积最大的职业，就具有最大的期望价值。

二、平衡单法

大学生在进行职业生涯决策时，经常会碰到两个甚至两个以上不同的职业发展方案的选择问题，此时，如果能进行直观的量化，可能会使你对自己的职业生涯目标更加了解。职业决策平衡单法和技术可以通过打分的方式，量化你的各项职业选择的分数，帮助你进行职业生涯目标的决策。

（一）平衡单法概述

平衡单（balance sheet）由詹尼斯和曼（Janis 和 Mann，1977）设计。在进行生涯决策方面的实际应用时，由于"自我赞许与否"和"社会赞许与否"仍显笼统，所以台湾生涯规划辅导专家金树人将最后的两项改为"自我精神方面的得失"与"他人精神方面的得失"，就是从"自我—他人"，以及"物质—精神"所构成的四个范围内来考虑。平衡单可以帮助决策者具体地分析每一个可能的选择方案，考虑各种方案实施后的利弊得失，最后排定优先顺序，择一而行。如表4-2所示。

表4-2　生涯决策平衡单样表

考虑项目 （加权值1—5， 得失分1—10） 得/失分＝得 失分 × 加权值	第一方案		第二方案		第三方案		第四方案	
:::	志愿1		志愿2		志愿3		志愿4	
:::	得(+)	失(-)	得(+)	失(-)	得(+)	失(-)	得(+)	失(-)
条件1								

续表

考虑项目（加权值1—5，得失分1—10）得/失分＝得失分×加权值		第一方案		第二方案		第三方案		第四方案	
		志愿1		志愿2		志愿3		志愿4	
		得(+)	失(-)	得(+)	失(-)	得(+)	失(-)	得(+)	失(-)
个人物质方面得失	条件2								
	条件3								
	条件4								
	条件5								
他人物质方面得失	条件1								
	条件2								
	条件3								
	条件4								
	条件5								
个人精神方面得失	条件1								
	条件2								
	条件3								
	条件4								
	条件5								
他人精神方面得失	条件1								
	条件2								
	条件3								
	条件4								
	条件5								
合计									
得失差数									
最终排序									

（二）职业决策平衡单的操作

职业决策平衡单的操作办法如下：

第四章 决策千里：职业生涯决策理论认知

1. 确定你的职业决策考虑因素

可以从以下几个方面考虑。

（1）自我部分（精神与物质）。本部分又可以分为两方面：一是自我精神部分，包括自己的能力、兴趣、价值观、心理需求（自尊、自我实现）；生活方式的改变、成就感、自我实现的程度、兴趣的满足、挑战性、社会声望的提高、发挥个人的才能等等；二是自我物质部分，包括升迁机会、社会地位、工作环境、工作发展前景、工作内容、休闲时间、生活变化、对健康的影响、足够的社会资源、能提供的培训机会、就业机会等。

（2）外在部分（精神与物质）。本部分也可以分为两方面：一是外在精神部分，包括父母、师长、配偶、家人的支持等；二是外在物质部分，包括家庭经济收入、择偶及建立家庭、与家人相处的时间、家庭地位等。

2. 利用职业决策平衡单进行职业生涯目标决策

列出你的3个职业生涯发展方向，分别填到表格的职业方案中。具体方法为：在第一栏"职业决策考虑要素"中，根据对你而言职业选择的重要性和迫切性，赋予它权数，加权范围为1～5倍，填写到"权数"一栏。权数即是你在进行职业选择时所看重的东西。某要素的权数越大，说明你越看重该要素。

3. 打分

根据第一栏中的"职业决策考虑要素"给每个职业方案打分，每个方案的得分或失分，可根据该方案具有的优势（得分）、缺点（失分）来回答，计分范围为1～10分。

4. 计分方法

将每一项的得分或失分乘上权数，得到加权后的得分和失分，并分别计算出总和（即加权后合计）；再把加权后的"得失差数"算出来,并据此做出最终决定。得分越高,该职业方案越适合你。

分析结果:将平衡单上的原始分数乘上权重,分数的差距变大,最后把"得失差数"算出来,并据此做出最终的决定。

(三)生涯决策平衡单的实例

1. 决策平衡单的填写步骤

步骤一:确定你的职业决策考虑因素,如做销售、办公室工作、专升本三个方案。

步骤二:把三个方案填入平衡单的选择项目中。

步骤三:在第一栏职业决策考虑要素中,根据对你而言职业选择的重要性和迫切性,赋予它权数,加权范围1~5倍,填写权数一栏。权数越大说明你越重视该要素。

步骤四:打分。根据每个方案中的要素进行打分,优势为得分,缺点为减分,计分范围为1~10分。

步骤五:计划方法。将每一项的得分和失分乘以权数,得到加权后的得分或失分,分别计算出总和,最后加权后的得分总和减去加权后的失分总和得出"得失差数",并以此分数来做出最后的决定,即比较三个选择方案的得失差数,得分越大,该职业方案越适合你。

2. 背景资料

王某某,女,青岛某职业院校计算机专业的三年级学生,性格外向,开朗活泼,喜欢与人交往,口头表达能力很强,是学院学生会干部,组织能力强。还有半年就要毕业了,她考虑自己的职业有三个发展方向:中学信息技术教师、市场销售总监、考取计算机专业本科生。

以下是她的具体想法:

(1)中学信息技术教师。王某某认为这个职业是她的本专业,存在最大的专业优势,工作也比较稳定,但目前社会需求量并不大。

（2）市场销售总监。王某某希望用10年的时间能实现这个目标,认为这个职业符合自己的性格、兴趣的需要,同时她也有利用暑期和课余时间兼职做过一些销售的经历,她认为可以利用自己的专业来帮助自己更好地辅助销售工作。

（3）考取计算机专业本科生。王某某的父母都是高校的老师,他们希望王某某能够再继续深造,专升本以后继续考研究生,进而到大学任计算机专业教师。但王某某认为虽然高校教师工作稳定,收入也高,但她不喜欢计算机专业的教学工作,且考研也有一定的困难。

3. 分析生涯决策平衡单

表4-3是王某某利用生涯决策平衡单做出的职业决策的结果。

表4-3 职业决策表

选择项目	加权分数	重要性的加权（1—5倍）	中学教师 +	中学教师 −	销售总监 +	销售总监 −	专升本 +	专升本 −
个人物质方面的得失	1.符合自己的理想生活方式	5		3	9			5
	2.适合自己的处境	4	8		9		7	
	3.有较高的社会地位	3	5			3	9	
	4.工作比较稳定	5	9			9	9	
他人物质方面的得失	1.优厚的经济报酬	4	5		8		9	
	2.足够的社会资源	5	8		7		9	
	1.适合自己的能力	4	8		9		7	
	2.适合自己的兴趣	5	5					8
	3.适合自己的价值观	5	6		8		5	

续表

选择项目 / 考虑因素	加权分数	重要性的加权(1—5倍)	中学教师 +	中学教师 −	销售总监 +	销售总监 −	专升本 +	专升本 −
个人精神方面的得失	4.适合自己的个性	4	7		9		6	
	5.未来发展空间	5		3	8		9	
	6.就业机会	4			8		9	
他人精神方面的得失	1.符合家人的期望	2	6		5		9	
	2.与家人相处的时间	3	7		4		9	
加权后合计			312	30	399	54	384	65
加权后得失差数			282		345		319	

　　王某某通过生涯决策平衡单的决策之后,她的决策方案的得分分别是:市场销售总监＞专升本＞中学信息技术教师,综合平衡之后,市场销售总监较为符合小王的职业生涯目标。在进行职业选择时,小王择业最为看重的是:是否符合自己的兴趣、职业价值观、职业是否有发展空间、是否是自己的理想生活的需要等几个方面。

第五章　绘制蓝图：大学生职业生涯规划设计

每一个职场人从最初的新鲜激情到机械麻木，经年累月，积压在心中的那个最初的梦想早就变成泡影，于是痛并抱怨着。正如韩寒所说：有很多莫扎特正在编程序，有很多舒马林正在写文案，有很多张曼玉正在当前台，很多李开复正在做中介。这不是命运开的玩笑，而是因为我们没有好好规划自己的职业生涯。

第一节　职业生涯规划设计的内涵

一、合理制定职业生涯规划

科学合理地制定职业生涯规划，大致分为如下步骤：首先，找到那个让你颤抖的梦想；其次，客观理智地分析通向成功之路上的障碍；最后，制定阶段性目标。

世界在不断变化，竞争也日趋激烈，每个人都在各尽所能寻找各自的事业途径。要想谋求到理想合适的工作，在制订科学规范的职业规划方案基础上，重点还应保证自己拥有足够的技能储备，定期不定期地更新技能和知识。

二、职业规划的常见误区

当前大学生由于种种原因在规划自己的职业生涯时存在着

许多误区。这些误区对大学生未来职业发展极为不利,值得引起大学生的高度重视。

(一)不予重视

当今大学生不重视职业生涯规划,许多人认为职业生涯规划应该是在开始工作时才进行设计,工作前没必要考虑。这种择业的盲目性延长了职业生涯的试错过程。最终的结果很可能就是频繁地变换工作,很难进入职业稳定期。

面对大学生就业难的问题,许多高校开展了针对毕业生的集中性就业辅导工作,纷纷开展职业规划指导与毕业生就业指导等相关活动。但是很多高校相关指导课程社会实用性不强,学生对职业规划的认可度不高、自觉性不够,导致就业指导沦为求职面试前的"临阵磨刀",使其本身存在价值大打折扣。目前多数高校把就业指导等同于职业生涯规划,以就业形势、就业政策、择业技巧为内容,忽视了这些客观环境与学生主观状况之间的联系,使其失去了为在校生进行职业素养培养与衡量标准的功能,导致学生对职业生涯规划的内涵及意义模糊,难以将所学与自身情况相结合,认为职业规划的可操作意义不大。

(二)不知变通

有些大学生在做规划时花费大量时间和精力寻找"最佳规划",希望"一次规划,终身受益",做规划时不根据变化状况和较好的时机做出灵活调整。实际上,并不存在十全十美的职业生涯规划,由于外部环境变化、价值观的改变及自身能力的提高,职业生涯规划需要不断调整、不断创新。也就是说,把握好职业生涯规划的时间,根据各种变化来调整自己的规划安排是必不可少的一环。

(三)不切实际

与不懂得进行职业规划的大学生相反,有的人"为保险起见"

会规划多条发展路径,但路径间缺乏内在联系,且这些路径的发展方向模糊不清,这势必会导致在实际选择中将犹豫不决,不利于生涯规划的实施。而且,许多大学生在做职业规划的时候,不根据自身实际情况。不能很好地认识自己,比如分不清擅长的和喜欢的、分不清业余爱好和职业才能,频繁更改自己的职业规划,对工作认识也不全面。

（四）观念误区

除此之外,大学生在职业规划方面存在的误区还有：

（1）认为高学历代表高能力,意味着高收入,因此将更多的时间用于提升自身学历上,而忽略了自身实际能力的培养。

（2）错误地把职业规划等同于职业目标和学习计划,要明确职业目标不仅是知识的积累,更需要综合技能的提升。

（3）不能很好地执行已经制订的职业生涯规划,没有实现行动与规划的真正统一,并且事后没有采取措施去补救,导致最终忘却自己的规划,职业规划如同纸上谈兵,并没有起到实际的效果。

（4）盲目地借鉴高年级学生或者其他学生的职业生涯规划,不能认识到与他人之间存在的各种差异,不能更好地结合自己的特长,以及自己在性格、特长、学识、技能、组织、协调、适应力、创造力等方面的不同。

（5）自我分析不够全面,甚至过于片面,表现为高估自己的能力或者放大自己的不足,这是非常不利的。与其过分低估自己的实际能力,耗费大量的时间、精力去改造自己的缺陷,倒不如用同样的时间、精力去锻炼、提升自己的优势,或许会有意想不到的收获。人无完人,认清自己的劣势,尽可能发挥自己的优势,是对个人资源的最好的利用。

（6）对外部职业信息不能有一个明确的认识,仅仅通过网络等间接渠道很难体会到职场的真实状态。职业生涯规划是动态的,要结合这些实际信息进行规划、调整,才能达到更好的效果。

第二节　大学生职业生涯规划设计的方法与步骤

一、大学生职业生涯规划的常用方法

由于职业生涯伴随着人的大半生,职业生涯的规划直接影响着个人的前途和命运,因此,职业生涯规划一定要科学正确,这就需要掌握一定的技巧和方法。

(一)PPDF法

PPDF的英文全称是Personal Performance Development File,中文意思是个人职业表现发展档案。PPDF是对员工工作经历的一种连续性的参考,它使员工及主管领导对该员工所取得的成就,以及员工将来想做些什么有一个系统的了解。它既指出员工现时的目标,也指出员工将来的目标及可能达到的目标。同时,它还帮助你在实施行动时进行认真思考,看你是否非常明确这些目标,以及你应具备的能力和条件。

具体来说,PPDF法包含有以下几个方面内容。

1.个人情况

个人简历:包括个人简介、部门、职务等。

文化教育:初中以上的校名、主修专题以及在学校参加组织过何种社会活动等。

学历情况:所有的学历、取得的时间、参加过的课题以及分数等。

培训经历:曾受过何种与工作有关的培训(在校、业余还是在职培训)。

工作经历:按顺序填写工作过的单位名称、工作内容、工作地点,重点突出有成果的工作经历。

行为管理论述：写出对工作的评价，以及关于行为管理的事情。

评估小结：对档案里所列情况进行自我评估。

2. 工作情况

现时工作情况：填写现在的工作岗位、岗位职责等。

现时行为管理文档：写上现在的行为管理文档记录，需要时加备注或注释。

现时目标行动计划：设计一个目标，同时列出和此目标有关的专业、经历以及现时目标内容及期限等。

3. 未来期望

职业目标：在今后的 3～5 年里，准备在单位里做到什么位置。

所需要的能力、知识：为了达到目标，应该拥有哪些新技术、能力和经验等。

发展行动计划：为了获得这些能力、知识等，准备采用哪些方法和实际行动，其中哪一种是最好、最有效的，什么时间完成。

发展行动日志：发展行动计划的具体活动安排，所选用的培训方法，如听课、自学、所需日期、开始的时间、取得的成果等。

对照上面的详细内容，结合实际情况，大学生可以为自己的职业生涯规划设计一个 PPDF，并且每隔一段时间拿出来进行对照，以便及时做出调整。因为 PPDF 的使用需要外界权威的支持，大学生可以把自己的 PPDF 分别拿给老师、家长各一份，有了外界权威的监督和指导，相信定会收到事半功倍的效果。

（二）SWOT 法

SWOT 法又称为态势分析法，常用来做企业内部分析方法，即根据企业自身的既定内在条件进行分析，找出企业的优势、劣势及核心竞争力之所在。其中，S 代表 strength（优势），W 代表 weakness（劣势），O 代表 opportunity（机会），T 代表 threat（威胁），

S、W是内部因素，O、T是外部因素。

对于自身职业发展问题进行SWOT法分析时，应遵循以下五个步骤。

第一步，评估自己的长处和短处。

第二步，找出自身的职业机会和威胁。

第三步，确定近期的职业目标。

第四步，列出今后的职业行动计划。

第五步，寻求专业帮助。

有外力的协助和监督也会让你更好地取得效果。做个人的SWOT分析会占用一定的时间，但是详细的个人SWOT分析是非常值得的，它值得每一个人花一些时间去制定策略性的行动方案。

（三）5"What"法

1. What are you？

我是谁？是指对自己进行一次深刻的反思，想想自己到底是怎样的一个人，最好把自己的优势和劣势都列出来进行分析。

2. What you want？

我想干什么？是对自己职业发展的一个心理趋向的定位，每个人在不同阶段的兴趣和目标并不完全一致，甚至是完全对立，但随着年龄和经历的增长而逐渐固定，并最终锁定自己的终生理想。

3. What can you do？

我能干什么？是对自己能力与潜力的全面总结。一个人职业的定位最根本的还要归结于他的能力，而他职业发展空间的大小则取决于自己的潜力，对个人潜力的了解应从兴趣、执行力、判断力、知识结构等方面去认识。

4. What can support you？

环境支持或允许我干什么？是对环境支持的了解，包括客观和主观两方面。客观方面包括本地的经济发展、人事政策、企业制度、职业空间等,主观方面包括与领导同事的关系、人脉资源等因素,个人在做职业生涯规划的时候,要将这些因素都考虑进来。

5. What you can be in the ends？

自己最终的职业目标是什么？在明晰前四个问题后,就有了清晰的框架。当然,经过不断地评估与调整,最终实现自己的最终目标。

二、大学生职业生涯规划的基本步骤

大学生职业生涯规划的基本步骤如图 5-1 所示。

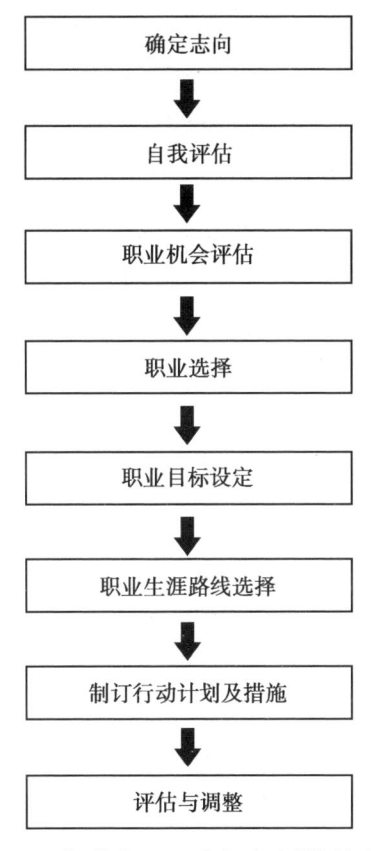

确定志向
↓
自我评估
↓
职业机会评估
↓
职业选择
↓
职业目标设定
↓
职业生涯路线选择
↓
制订行动计划及措施
↓
评估与调整

图 5-1 大学生职业生涯规划的基本步骤

(一)确定志向

确定志向实际上是一个决策的过程,德鲁克在谈到人们在做决策的依据是事实还是既有的看法时指出,"凡做有效决策的管理人员都知道,人们并不是从事实开始,而是从看法开始的。看法当然只不过是些未经检验的假设"。人们在某一领域中有了经验,就会形成他们自己的看法,大学生确定志向就是一个决策的过程,也是从对各种职业的既有看法而开始的。虽然表面上看,大学生没有实际的工作经验,也谈不上依据经验形成某种看法,但只要我们认真分析就会发现,这种所谓的既有经验体现在大学生身上就转换成了其他的影响因素,如主流价值观倾向、先天遗传、性格和兴趣、后天接受教育情况、对知识和技能的偏好、家庭环境的熏陶和耳濡目染、成长环境等的限定性条件等,也就是说大学生接触到的这些东西就构成了其间接经验,也就有了经验。大学生正是在这些间接经验的反复作用下,在潜意识中形成对某些职业的看法,正是根据这些看法,产生了与这种看法紧密联系的职业联想,所谓职业联想就是指与看法紧密相关的一组职业的集合。职业联想的形成就构成了志向雏形。

另外,从人类自发意识的角度出发,也有部分大学生的志向确定受到其自发的意识的重要影响。总之,志向的确定如图 5-2 所示,显示其清晰的逻辑。

(二)自我评估

自我评估,对于大学生来说,主要是了解兴趣、学识、技能、情商等与大学生本人相关的所有因素。自我评估的目的是认识和了解自己,以便能做出正确的职业生涯规划和做出正确的职业选择,自我评估的主要手段是各种测评量表,其主要内容包括气质评估、个性测试、职业兴趣测试、价值观和能力水平评价等。

各种测评维度和测评结果相对是独立的,但在实际的应用中,每一位大学生无论是在气质,还是在个性特征或职业价值观等方面都具有多面性，多种维度测评结果如何相互联系起来分析？哪些测评结果可以作为主要的参考因素，而其他的测评维度可以作为补充参考？实际工作往往最关注大学毕业生的什么特质？相关的实践经验表明，上述几个问题可以归结在对价值观、个人品质、思考能力和行动能力等几个方面的特质关注上。

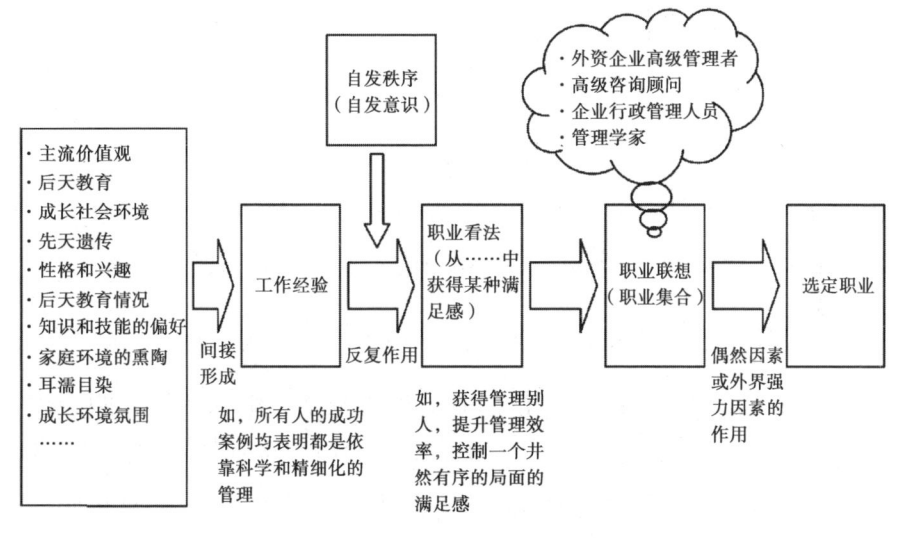

图 5-2 大学生志向形成逻辑图

（1）所谓价值观，在工作岗位上应包含的外延主要为：首先应该具有"社会人"的正确价值观念，集中体现在看待工作问题时政治正确性相关观念，看待相关问题不能过激和发生方向性的错误。其次应具有"组织人"的思考方式，考虑问题应结合所在单位立场和利益相关人的立场，思考问题的本质和应对办法。再次应具有"岗位人"的工作观念，即应系统理解各种组织政策和制度、上级指令和领导要求的精神与内涵，充分认知岗位定位，做到理解精神和本质要求，严格执行和变化创新相结合，提升工作效率，有效解决存在问题。

（2）个人品质主要包括诚实正直、勤奋踏实、责任意识三个方面，实际工作中影响个人成功与否的核心品质并没有想象中的多，经过长期跟踪研究职场上的大学生工作经历，其中发现，用人单位最为看重和个人成功的最关键因素聚焦在诚实正直的品德，勤奋踏实的工作作风，以及个人内心和行为上认可和始终保持的责任意识。

（3）思考能力和行动能力主要是指：首先在硬件上要有合理的知识结构，以便大脑在分析实际问题时有直接可用的知识储备；其次要具备应用储备知识去分析现实问题的应用能力，要在大学期间或走向工作岗位后不断在理论知识和实际问题之间建立起勾稽关系；再次是结构化思考能力，应具备系统分析问题能力，行动方案结构化、工具化和表单化，提升解决问题的可靠性、规范性和科学性。总之，清楚地认识到上述三个方面的要求，可以指导大学生深刻地审视自我，积极改变自我，为获得称心的工作单位、工作职位和具备持续的职业晋升动力奠定坚实基础。

（三）职业机会评估

职业能力是一个人从事某项工作的潜质，对一个人的职业定位和职业选择非常重要，它决定一个人是否适合某种工作。职业机会评估主要是评估各种环境因素对个人职业生涯规划和职业选择的影响，大学生面对复杂的就业环境，应对这些因素有很好的认识，识别出有利因素和不利因素，结合自身情况扬长避短，使职业生涯规划具有意义。

职业机会评估主要包括宏观政治、经济环境对职业选择的影响，行业发展周期和趋势对职业选择的影响，特定组织的文化氛围、企业生态系统对择业的影响，目标岗位的发展前景和能力素质对候选人的要求等。大学生在职业机会评估时，一方面会受到社会主流价值观、家庭成员的左右而选择某一时期大家认为最热门的职业，但另一方面我们大学生也应清醒地认识到，很多不起眼的冷门职业也是国民经济发展的重要基础，这些行业正处于急需人力资源的投入而迈向科学化、规范化、精细化的发展阶段，在这些行业里有我们大学生发挥优势，崭露头角，创造一番成绩的广阔舞台。

第五章　绘制蓝图：大学生职业生涯规划设计

（四）职业选择

只有人与岗的很好匹配，才能使自己的职业生涯得到很好的发展，反之，则阻碍自己的职业发展。职业选择实际上是在职业联想范围内众多的相关职业中进行选择的过程，这期间职业选择的关键影响因素主要包括：一是大学生个人对中学时代到大学所积累的某方面知识和技能的路径依赖。二是获得偶然机会进入某行业。三是受外界影响力的作用，如家长的压力，亲戚朋友的指导和推荐等，而选择了相应的职业。这其中既有必然性，也含有一定的偶然性。

（五）职业目标设定

目标确定是职业生涯规划的核心内容。在自我评估、外部环境分析的基础上，选择自己的职业方向，确立职业生涯发展目标。职业生涯目标的设定是职业生涯规划的核心，大学生事业的成败，很大程度上取决于是否有清晰的职业目标，这可以清晰指出奋斗方向，避免职业发展过程中众多的职业机会选择而造成左右摇摆，目标是对奋斗过程和效果的检验，也是对大学生奋斗过程的经济鼓励。

（六）职业生涯路线的选择

虽然条条大路通罗马，但路与路之间所花费的时间、成本不同，达成职业生涯目标的可能性也不相同，最为关键的还在于职业生涯路线的设计有特定的要求，该路线要能满足阶段性个人能力培育和积累的要求，要能最终满足目标职位所需具备的能力要求。所以，大学生应该遵循能力培育、积累和提升的特定规律，开展职业生涯路径的设计工作。

（七）制订行动计划及措施

行动计划由长期和短期两部分组成，长期计划的实现有众多不确定因素,因此在校大学生要根据自身实际情况和社会发展趋势,不断地设定新的短期目标。没有行动,职业目标只能是一场梦想。职业生涯路线所确定的内容很大程度上是一些阶段性目标,如今年成为人力资源助理,五年后成为人力资源经理,八年后成为人力资源总监。要实现这些阶段性目标,我们应该制订针对每一阶段的行动计划,行动计划的主要内容包括:学历提升计划,工作经验计划,结合个人生命周期、家庭周期和职业发展周期三者的综合计划。这些行动计划及措施应该有明确的内容、完成时间、达到的效果、需要做资源准备等详细内容。

（八）评估与调整

职业生涯规划在实施过程中,会面对众多不断变化的因素影响,因此,职业生涯规划也不能一成不变。为使职业生涯规划行之有效,需要结合实际情况不断对职业生涯规划的内容进行评估与修正,实时调整方案。这样才能够使职业生涯规划更具有实际的指导意义,大学生应该定期和不定期对规划进行评估和优化调整,并做出规划的修订方案。

第三节　大学生职业生涯规划的目标设计

一、职业目标的内涵

俗话说:"志不立,天下无可成之事。"职业目标的设定,是职业生涯规划的核心,有助于明确奋斗方向。

（一）目标的内涵

目标(Target)就是指个人、部门或整个组织所期望的成果,通常也这样表达:梦想的日期化和数字化。对个人人生而言,需求产生目的,目的具体化就是目标,目标就是前进的动力,就是人们行动的灯塔。确定了目标,就可以给人以明确的方向感,使人充分了解自己每个行为的目的;可以让人清晰地评估自己的行为,进而正面反馈与检讨自己的行为;可以让人从忙乱的思绪中转移到工作重点上;可以让人更关注结果,产生持久动力,激发出人的潜能。

(二)目标的分类

职业生涯规划的制订、实施、评估与反馈过程是个人对职业生涯目标的确定、努力实现、衡量和修正的过程。职业生涯目标的确定包括人生目标、长期目标、中期目标与短期目标,它们分别与人生规划、长期规划、中期规划和短期规划相对应。

人生规划:是指整个职业生涯规划,时间长至40年左右,即设定个人整个人生的发展目标。

长期规划:一般是指5~10年规划,主要设定较为长远的发展目标。如规划在30岁时成为一家中型公司的部门经理,规划40岁时成为一家大型公司副总经理等。

中期规划:一般是指规划3~5年内的目标与任务。比如规划到不同业务部门做经理,规划从大型公司部门经理到小公司做总经理等。

短期规划:一般是指1~3年以内的规划,主要是确定近期或短期目标,规划近期完成的目标与任务。如对专业知识的学习与训练,3年内所掌握的业务知识等,让自己尽快成为一名合格的新闻记者、编辑等。

规划职业:生涯目标实际就是为把职业目标、自己的潜能以及自身主客观条件谋求最佳匹配的职业定位。良好的、科学的定位是以最佳才能、最优性格、最大兴趣、最有利的环境等信息为依据。比较职业条件、要求、性质与自身条件的匹配情况更好地选择符合自己兴趣、专业特长、经过努力能很快胜任、有发展前途的职业,既要把志当存高远与脚踏实地结合起来,也要注意长期和短期目标相结合。

确立职业目标并为此付出努力,对确立者是很有帮助的,不过确立职业目标要有事实依据,并非只是美好的幻想或不着边际的梦想,否则将会延误人生发展机遇。要明白行动是一切目标实现的成功之母。再美好的图纸不去变成现实最终也是一张废纸,所以我们对目标一定要有强大的执行力。每天早上起来或者晚上入睡前问问自己,是否每天都在努力,如果不能坚持目标就很难实现。

二、大学生职业生涯目标的类别

大学生职业生涯目标应包括大学期间职业的目标和择业后的职业目标两部分。

(一)大学期间的职业目标

调查发现,相当大一部分大学生对于自己将来的职业没有一个非常明确的定位。而职业目标的确定一定要针对个人特点来确立,对个人未来的发展来说显得格外重要。一个人要是没有目标就没有努力前进的方向,也就毫无动力可言。俗话说:"走得最慢的人,只要他没有丧失目标,也比漫无目的来回徘徊的人走得快!"因此,确定好目标后并为此坚持付出努力,总有一天能达到理想的彼岸。

大学生职业目标的确立最好从大一开始实施并制订相关的行动计划,设定职业目标时要思考以下问题:设定该目标的原因、达到这一目标的途径;实现该目标的能力,技能与自身其他优点;实现该目标的相关培训与教育;达到该目标的外部有利条件等,同时也要思考自身弱势或外部相关的不利条件等。下面请参照图5-3确定职业目标开始进行小测试,从自己的喜好、职业偏好以及个人的性格和能力等方面设计自己的职业目标。

第五章 绘制蓝图：大学生职业生涯规划设计

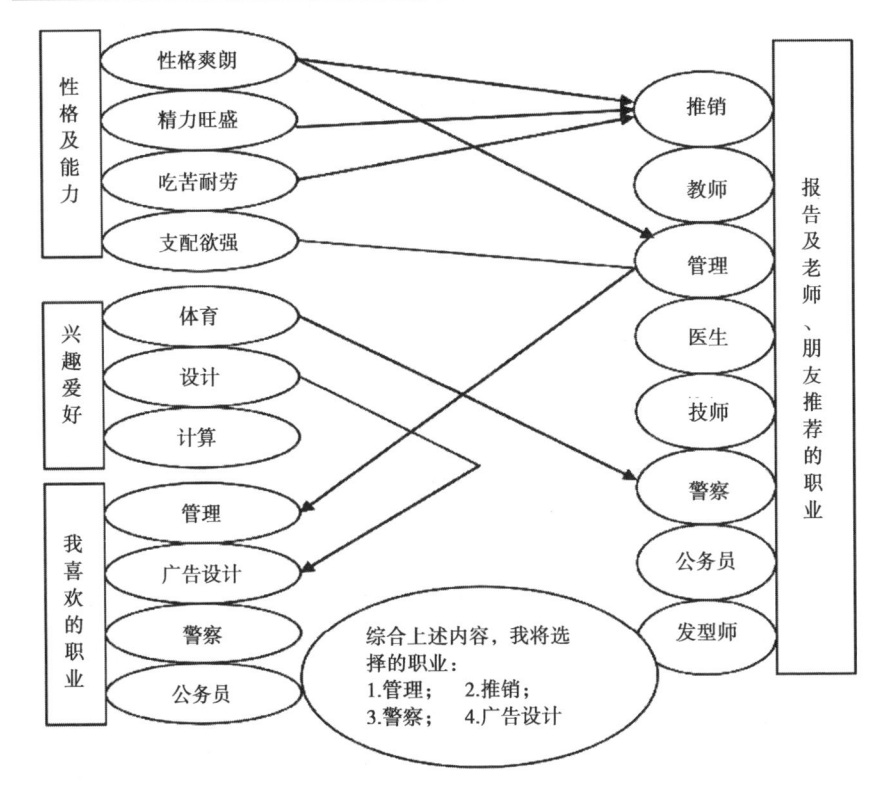

图 5-3 确定职业目标

一般来说，在校期间的职业生涯目标主要集中在获得合理的知识结构、获得应用理论知识分析能力、了解自己的兴趣爱好和学会处理社会关系的技能，见图 5-4 所示。

从图 5-4 我们可以清晰地了解到四年大学生活要达到的目标，所以大学生应围绕这三个目标努力充实和提高自己。在未来四年中分四个时期做好系统学习和生活设计，毕业时也可以从上述三个方面检验自己是否达到了相应的要求。

大学一年级为试探期。也就是从进入大学开始就应当有意识地去了解某些职业，特别是自己未来想从事的职业或自己所学专业对口的职业。比如，大学一年级阶段大部分开设的是公共课，学习任务相对不重，这个时候就可以多参加学校的各项活动，增加人际沟通与交流的技巧，学会与不同个性的人打交道，同时多学习课本以外的知识，有意识地收集相关资料，培养自己学习书本外知识的能力。

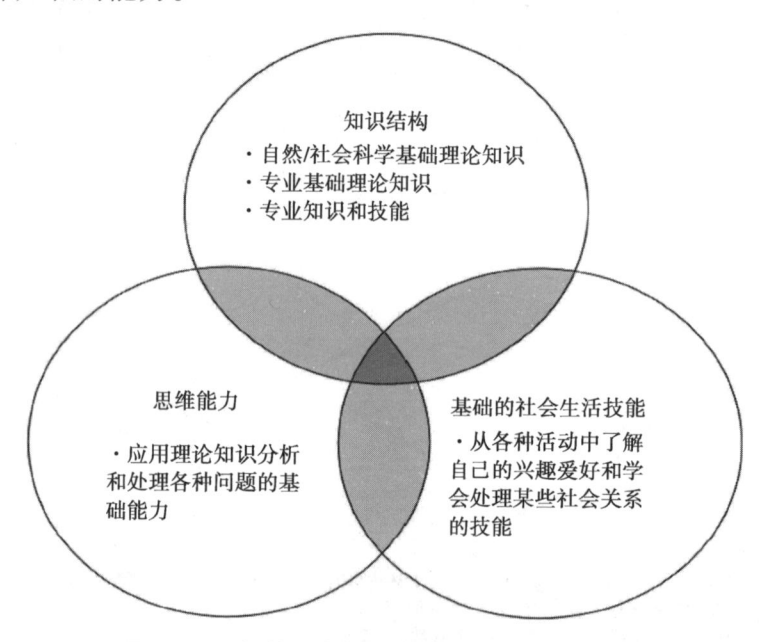

图 5-4 大学生在校期间职业生涯规划目标

（知识结构：自然/社会科学基础理论知识、专业基础理论知识、专业知识和技能；思维能力：应用理论知识分析和处理各种问题的基础能力；基础的社会生活技能：从各种活动中了解自己的兴趣爱好和学会处理某些社会关系的技能）

大学二年级为定向期。这一时期应考虑清楚是否继续深造或就业，尝试在课余时间后进行兼职，选择自己未来想要从事的或者与专业对口的相关工作，最好能较长时间坚持，锻炼自己的责任感、主动性和受挫能力等，也可以尝试有选择性地辅修其他专业的知识以充实自己。

大学三年级为冲刺期。这一时期应专注于提高求职技能、收集相关招聘信息，并确定自己是否要考研，为下一步的求职或深造做好准备。

大学四年级为分化期。积极参加招聘活动，运用学校提供的条件，了解就业指导中心提供的用人单位信息与就业信息，强化求职技巧，进行模拟面试等训练，尽可能在做好充分准备的情况下施展演练。

（二）择业后的职业目标

大学生除了制定在校四年学习和生活的目标以外，还应在资

第五章 绘制蓝图：大学生职业生涯规划设计

深实战专家的帮助下，尝试对择业后的职业生涯进行规划。

择业后，职业生涯的规划并不意味着就终止了，相反，这时候作为社会新人，更应该进行科学的规划。可以在工作的不同阶段为自己分别设计短期目标、中期目标、长期目标。这里以人力资源专业毕业生的职业目标为例进行分析。

短期目标：熟悉企业人力资源管理各项工作实务，集中学习薪酬绩效管理模块的业务；实习期结束成为薪酬绩效专员。

中期目标：全面掌握人力资源管理各项工作理论及实务，能组织开展各项业务；3～5年成为人力资源经理。

长期目标：能结合企业发展战略和中长期规划，拟订人力资源战略并系统地组织实施，能策划和组织完成企业的人力资源各相关模块的变革工作；6～8年成为企业人力资源主管。

当然这里的目标设定并不是固定的，每个人可以根据自己的能力及经验不同有所差异，我们只是想说明即便是择业后也要有一个很好的规划。

三、职业生涯目标的设计

一个人在职业选择、职业生涯路线选择后就应进行职业目标的设定，对人生目标做出正确抉择。在职业生涯规划中，"职业目标"往往被作为选择人生发展方向的第一步。人只有确立了目标后才有动力去追逐，其抉择是以自己的最佳才能、最优性格、最大兴趣、最优效能、最有利环境等信息为依据。在制订职业目标的时候，不是泛泛地说说去哪个城市、从事何种行业。作为大学生，更应强调以"实现到哪个单位工作为目标"。也就是说自己的职业目标最好是有一个具体的参考值，应当根据具体的岗位说明书、任职资格的要求来完善自己的能力，逐步规划与构建未来岗位胜任能力模型，并以此为标准向就业目标靠近。

(一)职业目标设计的要求

1. 匹配性

在确定职业发展目标时要注意与自己性格、兴趣、特长与选定职业的匹配度,同时要思考自己所处的内外环境与职业目标是否相适应,不能妄自菲薄,也不能好高骛远。合理、可行的职业目标决定了职业发展中的行为和结果,这才是设计职业目标的关键。

现实中,由于大学生还没走向职场,体验不到真实的职业环境,缺乏对行业、职位详细信息的了解,有时对职业目标的订立有些理想化,在具体的行动计划中就显得与实际脱离,比如有些高职专科生给自己的职业规划目标直接定为大学教授或职业经理人,有些喜欢文学的人想要在3~5年就成为著名的文学家,有些人纯粹是自己有某方面的实际需要但没考虑到自己的长处与短处,用自己的短处与别人的长处进行较量,将其视为自己的长期目标或许可以,但要是把它作为短期目标来完成则不实际。

2. 需求性

通常,就业不好的专业具有持续性,这些专业失业量较大、就业率低,且薪资普遍较低。部分"红牌"专业是由于供大于求造成的;有部分"红牌"专业比如计算机类是因为人才培养质量达不到产业要求造成的,这就形成了应届毕业生找不到工作,企业招不到合适人才的局面。对大学生来说,在进入大学后面对专业难以调整的现实,如何找到理想的工作,是大学生在职业生涯规划中必须面对的问题。因此,在设定与确定职业目标时,必须考虑社会与组织对岗位的要求,当劳动力市场相关人才出现供大于求时就要结合自身实际考虑自己未来的胜率,同时还应考虑组织对岗位的相关要求是否是自己在大学期间就可以培养与训练成的。

第五章 绘制蓝图：大学生职业生涯规划设计

3. 具体性

一般来说，大学生们可以在一个相对较窄的范围内同时设定几个目标，比如老师布置的随堂作业或者是小组共同完成的课题，需要准备资料、进行社会调查、需要分析讨论，最后形成研究报告。大学生一定要深刻认识到个人或小组作业的重要性，并认真对待。因为，上述小组作业就是对未来工作的提前训练。除了最后的报告之外，其他的事情都可以与同学同时进行或一起完成，在操作中同学们要学会给自己列一个时间表，规定每一个目标的具体完成时间，时间一到就要检查自己目标成果的实际完成情况，这样就可以及时进行自我管理或小组管理，日程表的设置越具体越有可操作性，用来衡量目标实现程度的标准就越细，对于目标执行与反馈也就越准确，对于不当之处的修正也就越有针对性。因此，职业目标的设定尤其是短期职业目标，要设计得相对具体与可操作，以方便及时检验自己的成果与纠正错误。

4. 动态性

组织的职位是动态的，因此职业生涯规划中目标的设定也应当是动态的。大学生要根据自己不同阶段的需要和社会发展情况对规划做出合理调整。当今社会瞬息万变，新事物、新科技层出不穷，大学生职业规划也同样需要与时俱进，这样才能顺应时代，开创属于自己的事业或尽早实现自己规划的目标。对于自己碰到的问题和环境，需要及时调整发展规划。

5. 合理性

有人觉得一毕业就应该实现自己的理想，比如有名校学生在毕业前就确定毕业后的年薪为 100 万，等进入职场后发现无法实现。在对自己的职业生涯规划时，要认识到目标是实现理想的各个必经阶段，只有完成了各个阶段的目标才有可能最后完成自己的理想。

(二)职业目标设计的原则与注意事项

1.SMART 原则

职业目标的设计一般遵循 SMART 原则。确定有效目标的 SMART 原则,也就是说,目标的有效性与否,须符合以下五个条件。

① Specific:具体的,即目标必须是具体的。

② Measurable:可以衡量的,可测量的,有一定的评定标准,即目标应该是可衡量的。

③ Attainable:可以实现的,目标是可实现的。目标的设定能够被执行人所接受。

④ Relevant:相关的,目标还应具有相关性。目标设定是否与自己的专业相关?是否与社会需求基本一致? 目标的相关性具体是指在现实条件下是否可行、可操作,与现实发展是否相关。

⑤ Time-bound:有时限性的,目标设置要有时间限制,可以具体到某年某月。没有时限的目标则不是一个有效的目标。

2.职业目标设计的注意事项

每个人都应该知道自己在现在和将来要做什么。对于职业目标的确定,需要根据不同时期的特点,根据自身的专业特点、工作能力、兴趣爱好等分阶段制订。在制订人生目标和长期目标时,要多考虑自身因素和社会因素,而制订中期目标和短期目标时,则要更多地考虑组织因素,通过制订个人的短期目标、中期目标和长期目标,来形成完整的个人目标体系。

职业目标设计的注意事项:(1)尽量分解目标;(2)不求快速达到或实现目标;(3)不要求制订很多目标或目标彼此无关联,即目标要符合社会与组织的需要;(4)目标的可持续与不中断;(5)目标要高远但绝不能好高骛远;(6)目标幅度不宜过宽;(7)注意长期目标和短期目标间的结合;(8)目标要符合自身特点,并使其建立在自身优势之上。

（三）职业目标设计的步骤和方法

职业目标是长远目标，阶段目标。各类目标的能力结构、行动计划四部分内容的集合体，其具体步骤和方法归纳如下。

第一步：确定远期目标职位。按照倒叙的思路，基于个人对某些职业的看法，确定自己的远期目标。

第二步：确定阶段目标岗位的能力结构。职位的晋升实际上是能力素质级别的晋升，因此在确定出不同阶段的目标职位以后，我们应该对这些职位开展有针对性的职位分析，详细了解职位的能力素质要求，同样，作为大学生或刚入职的新员工而言，每一项能力后面匹配对应的关键工作事件有助于加强对其理解和学习。

第三步：编制行动计划。在确定了长期和阶段性目标，详细了解了各种目标的能力素质要求后，为使其具有可操作性，大学生朋友还应该制订达成不同阶段目标和获得与目标对应能力的行动计划。行动计划的主要内容包括：应从事的工作事项和应掌握的知识技能、获得途径、完成时间、检验标准等。

第四步：计划调整完善。在完成上述步骤后，我们就可以沿着规划的路线开始我们的职业生涯征程，但随着环境变化，限定性条件的消融等，就要求我们应不断对职业目标和相应的行动计划进行完善，没有永恒不变的目标也没有永恒不变的计划。

四、阶段划分与目标分解

职业生涯将贯穿人的一生，这是个漫长的过程。无论正式的或非正式的，每个人都有职业规划，因为每个人对自己人生目标的实现心里都有一杆秤。科学地将职业目标划分为不同阶段，具体明确每个阶段的特征和任务，认真做好规划，对更好地从事自己的职业，实现确立的人生目标非常重要。

（一）职业发展阶段

个人职业生涯的发展与人生规划息息相关,其中的变数包括求学、婚姻、生子等一直到退休养老,可以用3年内、3～5年、5～10年分别为短、中、长期目标的时间区段设立个人职业目标,不同阶段的不同角色就应担负起不同任务。一般来说个人职业目标可分为以下七个阶段。

（1）探索阶段:学生。这一阶段的主要特征就是步入学校深造,掌握基础技能,也是个人性格和兴趣形成的关键时期。学生在这个阶段的主要目标就是发现兴趣,学习知识,开发工作所需要的技能,同时发展价值观、动机和抱负。

（2）准备阶段:应聘者。这一阶段是接触社会初步形成职业意向,从事职业技能学习以及等待就业的时期。这个阶段的主要目标就是进入职场找到工作,成为单位或组织的新成员。要给自己的人生一个准确定位,做一个准确的自我剖析,充分地了解自我。

（3）选择阶段:实习生、见习生。这一阶段是根据社会职业岗位需求以及自己的能力愿望,做出职业选择的阶段。这一时期还要认真学会自己做事、被同事接受、得到上级的认可,学习自主,并学会面对失败、处理混乱、竞争和冲突。

（4）适应阶段:任职者。这一阶段是逐步适应职业岗位要求的时期。毕业生从大学校园到职场,对职业环境的适应,主要是指对生产过程、岗位职责、工作制度、人际环境、生活习惯等方面的适应。特别是刚毕业的大学生们必须认真地对待自己的职业适应问题。

在职业适应阶段,不仅要做到生理、心理、知识技能和岗位等方面的适应,还得建立和维护良好的人际关系,积极赢得职场人缘。正如戴尔·卡耐基在他的《成功之路》一书中论及:"一个人在事业上的成功,只有15%是他的专业技能,另外85%要靠他的人际关系和处世技巧。"另外,吉米·道南和约翰·麦克斯韦尔在其《成功的策略》一书中也提及:"无论你干哪一行,或者从事何种职业或专业,学会处理人际关系,你就在成功的路上走了85%的路程。"这一阶段的主要目标除了尽快适应环境外,还得选定一项专业或进入管理部门,继续学习,保持竞争力,力争让自己在专业领域成为专家或职业经理;或者是技术更新、培训和指导的能力转换到需要新工作、新技能,开发更广阔的工作视野。

(5)稳定阶段。这一阶段是稳定于某种职业,要认识到,当职业生涯步入稳定期时也容易发生危机。也就是说,当人们到达中年时,可能会产生传承的想法。在这个阶段人们开始愿意回馈,或许开始培训他人而不单单只是关注自己的成就。也就是说稳定其实也是种好现象,因为这样的员工"可能拥有了大量经验知识。他们了解流程,能够与他人分享自己的知识并加以指导。如果人们总是为自己着想,就违背了每家公司都希望发展团队文化的初衷"(Kuthlen Christensen)。

(6)衰退阶段。这一期间可能个人绩效能得到提高,也可能不变甚至会降低。这一阶段的职业目标已基本实现或已经达到顶端,此阶段的主要目标就是再度评量自己的才干、动机和价值观,进一步明确职业抱负和个人前途,接受现状或争取更高目标的实现与进一步发展,建立与他人的人际关系,学会发挥影响力与指导力,扩大、发展或深化技能,选拔与培养接班人。

(7)结束阶段。这一阶段的主要目标就是学会接受权力、责任、地位的下降,接受因此而转变的新角色,培养工作以外的兴趣。

(二)职业目标分解

美国职业生涯学者舒伯(Super)把人的职业发展目标过程分解为五个阶段,即成长阶段(出生至14岁)、探索阶段(15~24岁)、确立阶段(25~44岁)、维持阶段(45~64岁)、衰退阶段(60岁以后)。我国专家也提出与之相似的划分方法,即萌发期,继承期、创造期、成熟期和老年期。总体来说,职业发展的过程趋势如图5-5所示。分解与细化职业规划目标,积极适时地参加可行性培训和教育才是硬道理。

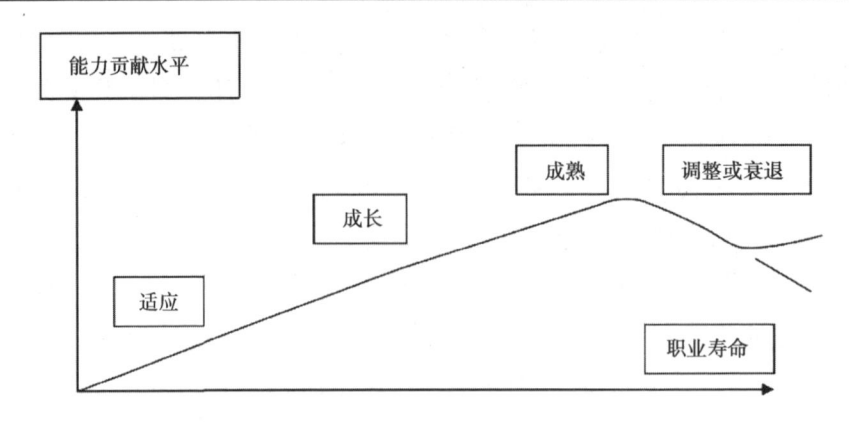

图 5-5 职业发展的过程趋势

在职场中要积极参加本企业及相关的培训教育,因为企业的培训教育比较有针对性、直接性,更易于让职场新人快速地融入工作当中。并在今后的工作过程中还要不断地给自己充电,不能满足于现状,因为在现代职场竞争日趋激烈的现实情况下,不与时俱进就会被社会所淘汰。根据个人需要和职场需求参加一系列的继续再教育,使自己的知识和能力不断得到更新、补充、拓展和提高。

第四节 大学生职业生涯规划书设计

设计生涯规划书的过程也就是个人根据自身特质和客观环境的综合分析,确定自己的职业发展目标及策略,并按一定时间制订相应的工作、培训、教育等行动计划的过程。规划的思路、依据、内容和结果形成文字性的方案即构成了职业生涯规划书。职业生涯规划书是个人职业生涯成功的战略指南,对实现个人职业梦想有着非常重要的意义。首先,职业生涯规划书通过自我人格特质分析,促使我们深入了解自己、发现自己的专长、挖掘自我潜能;其次,职业生涯规划书可以帮助我们树立明确的职业发展目标,提供自我管理的导向约束,有效克服职业生涯的发展阻碍;

第五章　绘制蓝图：大学生职业生涯规划设计

最后,职业目标达成的过程,也是提升个人综合素质和个人职业竞争力的过程。

职业生涯规划书具有独特性,大学生一定要结合自身情况,独立完成,绝对不能不负责任地模仿抄袭,当然如果能得到指导老师或职业生涯规划专家的指点与帮助,那将是锦上添花。

一、职业生涯规划书的结构及内容

大学生职业生涯发展规划书包括自我分析、职业分析、职业定位、计划实施和论证等,如图5-6所示。

```
                    大学生职业生涯规划书结构示意
    ┌──────────┬──────────┬──────────┬──────────┬──────────┬──────────┐
  自我分析   职业分析   职业定位   计划实施    论证      结束语
   (45%)     (15%)     (10%)     (10%)     (10%)     (10%)
    │          │          │          │          │
 ①职业兴趣  ①家庭环境分析  ①优势因素(S)  ①短期计划  ①具体性
 —喜欢干什么  ②学校环境分析  ②弱势因素(W)  ②毕业五年计划  ②可行性
 ②职业价值观  ③社会环境分析  ③机会因素(O)  ③毕业十年计划  ③发展性
 —最看重什么  ④职业环境分析  ④挑战因素(T)
 ③职业能力
 —能够干什么
 ④性格特征
 —适合干什么
 ⑤胜任能力
 —优劣势是什么
 ⑥自我分析小结
```

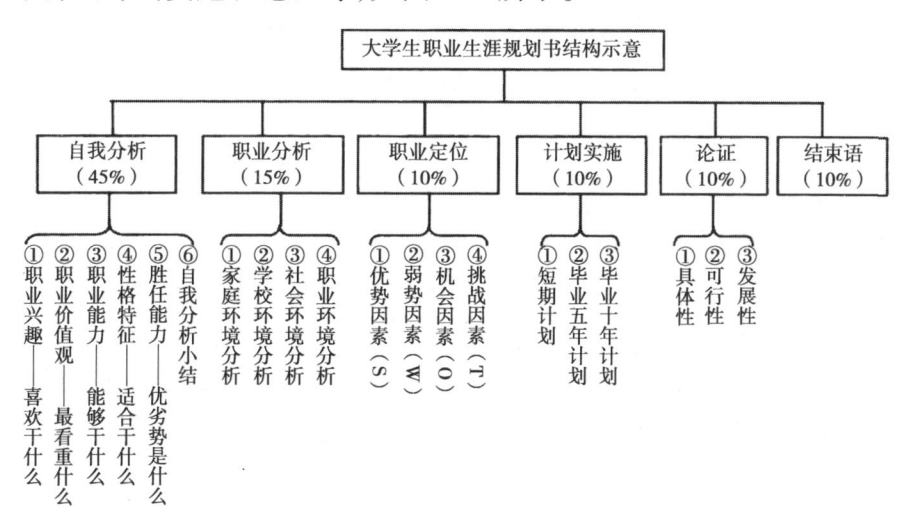

图5-6　大学生职业生涯发展规划书结构

职业生涯规划书是对职业生涯规划的书面化呈现,不仅能展现大学生的宏观职业生涯规划,还能对具体的学习和工作起到指导及鞭策作用。大学生职业生涯规划书的基本内容主要包括以下几个方面。

1. 扉页

扉页包括题目、姓名、基本情况介绍、规划年限、年龄跨度、起止时间。其中规划年限不分长短,可以是半年、三年、五年,甚至

· 139 ·

是二十年,视个人的具体情况而定。建议大学生职业生涯规划年限为三至五年。

2. 自我分析

一个有效的职业生涯设计必须是在充分且正确认识自身条件的基础上进行的。要审视自己、认识自己、了解自己,做好自我分析,包括自己的兴趣、特长、性格、学识、技能、智商、情商、思维方式等,即要弄清我想干什么、我能干什么、我应该干什么,以及在众多的职业面前我会怎么选择等问题。

职业生涯规划书的自我分析可包括以下内容:

我的职业倾向分析(喜欢做什么类型的工作);

我的职业价值观判断(最看重在工作中取得的收获与经验是什么);

我的性格评价(自己的性格适合什么类型的工作);

我的能力盘点(自己存在哪方面的优势和劣势);

个人经历(个人有哪些方面的经验,能够对以后的工作选择有所帮助);

自我分析与评估总结(通过对上述各方面进行综合分析与评估对自己有一个明确的认识)。

3. 环境评估

职业生涯规划还要充分认识与了解相关的环境,评估环境因素对自己职业生涯发展的影响,分析环境条件的特点和发展变化情况,把握环境因素的优势与限制。了解本专业、本行业的地位、形势以及发展趋势。

职业生涯规划书的环境评估可包括以下内容:

社会环境分析;

学校环境分析;

家庭环境分析;

行业环境分析;

第五章 绘制蓝图：大学生职业生涯规划设计

组织环境分析；

职业分析；

岗位分析；

环境分析结论。

4. 职业定位

职业定位就是要为职业目标与自己的潜能以及主客观条件谋求最佳匹配。良好的职业定位是以自己的最佳才能、最优性格、最大兴趣、最有利的环境等信息为依据的。这个规划环节包括确定职业方向、各阶段职业目标和总体目标、职业发展路径等内容。

职业生涯规划书的职业定位可包括以下内容：

明确可选的职业；

职业评估与决策；

职业生涯路径设计；

职业定位。

5. 职业生涯实施计划

就是要制订实现职业生涯目标的行动方案，要有具体的行为措施来保证。没有行动，职业目标只能是一种梦想。要制订周详的行动方案，以逐步实现各阶段目标，更要注意去落实这一行动方案。

职业生涯规划书的实施计划可包括以下内容：

长期、中期、短期职业生涯计划；

各阶段计划的分目标、计划内容（专业学习、职业技能、职业素养）；

计划实施策略。

6. 评估与反馈

职业生涯规划是一个动态的过程，必须根据实施结果的情况以及变化进行及时的评估与修正。整个职业生涯规划要在实施中去检验,看效果如何,及时诊断生涯规划各个环节出现的问题,找出相应对策,对规划进行调整与完善。

职业生涯规划书的评估与反馈可包括以下内容:

可能存在的风险;

预评估的内容;

风险应对方案。

二、职业生涯规划书的类型

为了更好地管理自己的职业生涯规划,通常采用表格式、问卷式和文字叙述等形式把职业生涯规划内容记录在案。

(一)文本型职业生涯规划书

文本型职业生涯规划书没有固定的模板,具有创作的空间,但规划的依据首先是让自己信服,其次是具有可执行性。一般情况下,文本型职业生涯规划书包括职业理想、自我认识、职业认知、职业目标、实施方案及遇到障碍的对策等内容。

(二)表格型职业生涯规划书

表格型职业生涯规划书主要包括两个部分,表头信息和规划内容栏。表头信息是规划人的基本信息介绍;规划内容栏中以目标和实施要点为主,内容不是固定的,可以根据个人情况进行调整。

三、设计职业生涯规划书的原则

职业生涯规划书的设计须遵循一定的原则,这些原则包括以下几个方面。

第五章　绘制蓝图：大学生职业生涯规划设计

(一)可行性

每个人都有自己的职业理想,但是理想是否能够实现,则取决于用以实现生涯理想的规划方案是否可行。可行性体现在两个方面：首先是生涯目标的可行性,即目标的设定是否建立在现实条件的基础上；其次是职业行动计划的可行性,即行动计划是否是自己可以做到并根据一定标准进行考核监督的。

(二)阶段性

个人的发展具有阶段性,每个人在自己人生发展的不同阶段所承担的重点角色不同,有着不同的发展任务。职业生涯规划也应该根据自己的年龄和所处的阶段来设计不同的内容,以适应每个发展阶段的特点,使每个阶段都能过得很充实,并逐步达成阶段性目标,从而实现自己的人生目标。

(三)发展性

所谓"规划",要求具有一定的超前性和预测性,而事物是不断发展变化的,规划并不总能适应新情况的出现,所以应根据自我发展、社会变迁,以及其他不可预测的因素,主动适应各种变化,及时评估,灵活调整,不断修正、优化自己的职业生涯规划。在调整职业生涯规划的过程中,短期的目标有可能需要调整,目标的重新选择应和长远的人生目标保持一致,使得整个规划始终围绕自己的人生目标而展开,过去、现在和未来应有内在的一致性和延续性。

(四)独特性

犹如世界上没有两片完全相同的叶子,世界上也没有两个完全相同的人。每个人高矮胖瘦各不相同,内在的性格特征、知识结构、兴趣爱好、能力倾向等都有自己的特点,其家庭条件、所处的社会环境也都不同,因而在制订生涯规划时不可能找到普遍的路径,必须综合考虑个人各个方面的实际情况而量身定制。

四、设计职业生涯规划书的注意事项

(一)职业目标切实可行

职业生涯目标的设定一定要结合自身特点和情况,不能完全脱离现实。职业生涯目标切忌理想化,应遵循择己所爱、择己所长、择世所需、择己所利的原则。认清兴趣与能力,能力与社会需求是存在一定差异的,我们所要做的就是在影响职业发展的诸多因素中找一个结合点,这样的职业目标才会有生命力。职业生涯规划书设计是否成功,在很大程度上取决于有无正确、适当、切实可行的目标。

(二)信息收集科学详实

在进行自我评估时,很多大学生会过于依赖职业测验工具。尽管一些经典的职业测验有着很高的信度和效度,但往往缺乏对结果的充分解释,大学生在解读测验结果时也会有一定的倾向性,从而得到偏颇的结论。在进行自我认知时,需要采用多渠道策略,结合测验工具、个人的思考回顾、他人评价等方法,得到全面、正确的结论。另外,在进行职业环境分析时,也需要通过多种途径来收集资料,比如网络、图书资料、从业者访谈等,以保证论证过程的科学合理和结论的真实可靠。

(三)逻辑严密重点突出

语言朴实简洁、用词精练准确、行文流畅、条理清楚,这是最基本的写作要求。设计生涯规划书忌大、忌空、忌记流水账、忌条理不清、忌文法不通、忌错别字连篇;忌过于煽情、没有理性分析；忌死气沉沉，没有朝气。在分析阐述规划时，必须紧紧围绕职业目标这条主线来展开，体现论述的逻辑性和连贯性。要将重点放在自我评估、环境评估、目标实施上。

第六章 大展宏图：大学生职业生涯规划的实施与调整

如果规划不能得到很好的实施,再好的规划也注定要失败。没有"尽善尽美"的规划决策,大学生面对相互矛盾的目标、观点与决策重点,总要进行平衡、调整。最佳的规划决策只能是近似合理的,而且总是带有风险的。真正的问题不在于你比过去做得更好,而在于你比竞争者做得更好。大学生不应该将大多数时间花费在制订职业生涯规划上,而应将重心放在既定规划的实施上。在职业生涯中,要做到知己知彼,确定的个人生涯目标要符合现实,并进行有效的实施。

本章主要引导学生理解职业生涯规划管理和调整对实现职业理想的重要性,明确在校学习与终身学习、职业生涯发展的关系,引导学生根据经济社会发展和自身条件的变化,对职业生涯规划进行科学管理与适时调整。使学生了解组织职业发展规划的目标、原则,应用组织人力计划与职业匹配模型,领会职业生涯发展阶梯规划,掌握职业生涯规划方案的设计,理解组织职业生涯规划的落实。将自我探索与职业发展环境相结合,了解自己、了解职业以及解决各类职业生涯问题的方法和策略,在职业生涯道路上不断进行有效的决策,以确保自己能够处在正确的职业发展道路上,或者为转向另一条职业新路提供手段。

第六章　大展宏图：大学生职业生涯规划的实施与调整

第一节　职业生涯规划实施的内涵

大学生职业生涯规划的实施阶段，也就是大学生由一名学生向职业人的过渡。所以仅仅有职业目标和规划是不够的，更重要的是如何实施，从而使其帮助自己最终达到职业目标。

一、学会学习

"玉不琢，不成器，人不学，不知义。"《三字经》上的这句话说明了学习的重要性。在这个信息铺天盖地、扑面而来的知识爆炸时代，固守已有知识定会跟不上时代的发展。特别是作为大学生，不但应掌握科学的学习方法，灵活运用所学知识，更要把零散知识组织起来，建构成系统的知识结构，把知识真正地转化为力量。

1. 培养学习动机

学习动机是动机在学习活动中的表现，是引起和维持个体进行学习活动，并使活动朝向一定的学习目标，以满足其学习需要的一种心理状态。学习动机在学习中发挥着十分重要的作用，它不但对学习起着巨大的推动作用，而且控制着学习的正确方向。学习动机可以使大学生积极主动、持之以恒地进行学习，努力寻找各种途径把难点弄懂，从而取得优异的成绩；学习动机是推动大学生为达到一定的学习目的而努力学习的动力。当然，学习动机过强与过弱都不利于学习效率的提高。如果学习动机太强，大学生一般对自己抱有很高的希望。有时制定的学习目标不切实际，这样一来，学习成绩的好坏可能造成情绪过于紧张，学习效率会降低。所以，要学会对过弱和过强的学习动机进行适当的调节。

2.建立学习兴趣

孔子曰:"知之者不如好之者,好之者不如乐之者。"个体一旦对某学科有了浓厚的兴趣,就会以积极的情绪去研究和探索它,就会产生强烈的求知欲望,从而充分挖掘自己的学习潜能。有不少同学有这样的体验:听得懂的课就有兴趣,听不懂的课就没有兴趣,掌握较好的课的兴趣就浓,学不好的课就缺乏兴趣。其实,每门学科都有美的元素,要善于发现它们的美,以此来增强学习的兴趣。

二、积极归因

正确的归因不仅能使大学生端正学习态度,激励大学生通过努力不断提高自己,而且还会使大学生产生愉快的情绪体验并积极地看待学习中的成与败。

美国心理学家维纳提出的归因理论认为:人们对自己的行为及其结果的归因是复杂而多维的,并且自我的归因将影响到今后类似行为的动机。他认为人们在解释自己或他人行为结果的原因时往往考虑以下六个方面:①能力(或天资);②努力程度;③任务难度(工作难度);④运气(机会);⑤身心状况;⑥其他(如别人的反应)。

从不同的维度上沿着不同的方向进行归因对学习动机的影响是不同的。例如,当把失败归为能力低时,可能会丧失学习的动力;而当把失败归为运气不好或不够努力时,则有利于提高学习动机。相反,如果把成功的原因归为能力强时,有利于提高学习动力;而当把成功归结为运气时,则可能降低学习动机。

从归因理论中,可以发现,积极的归因是把学习成功归为自己的努力、端正的态度和学习方法的正确运用;而把失败归于自己努力不够、学习方法不正确,而不是缺乏能力,更不是社会和教师因素。为此,要树立"努力就能成功"的信念,它能帮助我们发现自己的能力,树立自信。当不断获得努力就能成功的体验时,

第六章　大展宏图：大学生职业生涯规划的实施与调整

学习就会成为一种主动行为了。

三、确定合理目标

明确自己的实际情况后，要从主客观实际出发。把目标建立在切实可行的基础上。评价目标是否合理的一种方法是看目标是否设置在虚线之间，即目标位于自己的真实水平上下。例如，如果自己的真实水平是80分，理想水平与保险水平分别为90分与70分，那么可以将目标设置在75—85分。

四、运用SQ4R策略系统

学习策略就是学习者为了提高学习的效果和效率，有目的、有意识地制定的有关学习过程的复杂方案。它是伴随着学习者的学习过程而发生的一种心理活动，这种心理活动是一种对学习过程的安排。SQ4R策略系统是目前在大学生学习中广泛使用的一种学习技术。其步骤如下：

第一步：浏览（Survey）。

浏览全书，大致了解材料的主要内容。此过程包括以下三个方面：看书名、文章标题、作者信息，做好学习新材料的思想准备，在深入阅读之前在头脑中确定材料的整体架构，浏览前言和后记以了解作者写作的背景和意图，并通过纵览抓住材料的核心观点。

第二步：提问（Question）。

提问的简单做法是将标题转换成自己尽可能想出的几个问题，然后通过阅读来寻找问题的答案。这样可以激发我们的好奇心，从而增强对新学材料的理解。例如，标题是"学习策略"，可以这样提问：什么是学习策略？学习策略有哪些种类？学习策略的作用是什么？我们怎样掌握学习策略？

第三步：阅读（Read）。

阅读可以填充我们头脑中建立起的框架。细读章节来回答上一步提出的问题。不要逐字逐句逐行地读,而要积极地寻找答案,抓住实质内容。在这个过程中,我们也可能会提出一些疑问,将这些问题记录下来,形成笔记,或直接记录在教材上,把内容重点、难点摘抄及心得体会写在专用笔记本上。

第四步:陈述(Recite)。

读完后,合上书尝试简要回答上面提出的问题,最好能用自己的语言举例说明。如果不能清晰地陈述答案,那么重复阅读再尝试陈述。进行这一步时最好能结合笔记法,摘记一些短语作为陈述提示。完成第一部分后,按以上三个步骤学习后续的章节,直至完成整本书的阅读。

第五步:反思(Releet)。

通过以下途径,试图理解信息并使信息有意义:把信息和已知的事物联系起来;把课本中的副标题和主要概念及原理联系起来;试着消除不重要的信息;试着用所读内容去解决联想到的类似问题;课堂上认真听老师讲解,及时和任课老师探讨不懂的难点知识。

第六步:复习(Review)。

按以上步骤通读全书后,查看笔记,总览全部观点及它们之间的关系,然后合上笔记尝试回忆主要观点及每一主要观点之下的次级观点。间隔一段时间后,通看一遍教材和笔记,然后合上书本,再根据笔记记录的关键点进行回忆,查阅相关书籍或论文,补充所学内容,扩大知识面。

第二节 大学生职业生涯规划实施的策略

一、大一:职业生涯设计的启蒙——探索期

这一阶段的目标是职业生涯认知和规划,具体的实施策略是:
第一,要转变由高中生到大学生的角色,重新确定自己的学

第六章　大展宏图：大学生职业生涯规划的实施与调整

习目标和要求。

第二，要开始接触职业和职业生涯的概念，特别要重点了解自己未来所希望从事的职业或与自己所学专业对口的职业，进行初步的职业生涯设计。

第三，熟悉环境，建立新的人际关系。提高人际沟通能力，在职业方面可以向高年级学生，尤其是毕业生询问就业情况。

第四，积极参加各种各样的社团活动，提高交流、沟通技巧。

第五，在学习方面，要扎实学好专业基础知识，加强英语、计算机能力的学习，掌握现代职业者所应具备的最基本技能。

第六，如果有必要，为可能的转系、获得双学位、留学计划做好资料收集及课程准备，为将来的就业选择打下良好的基础。

第七，大学第一年主要是基础课的学习，学习的任务相当繁重，重要的是培养适合自己的有效学习方法。

二、大二：职业生涯设计的深入探索——定向期

这一阶段的目标是初步确定毕业去向及相应能力与素质的培养。具体的实施策略是：

第一，认识自己的需要和兴趣。确定自己的价值观、动机和抱负。

第二，考虑未来的毕业去向（深造或就业）。

第三，通过参加学生会或社团等组织，培养和锻炼自己的领导组织能力、团队协作精神，同时检验自己的知识技能。

第四，可以开始尝试兼职并参加社会实践活动。最好能长期坚持并从事与自己未来职业或本专业有关的工作。通过兼职和参加社会实践可提高自己的责任感、主动性和受挫能力，并从不断的总结分析中得到职业的经验。

第五，增强英语口语和计算机应用能力，通过英语和计算机的相关证书考试，并开始有选择地辅修其他专业的知识充实自己。

三、大三：职业生涯设计意识的建立——准备期

这一阶段的目标是掌握求职技能，为择业做好准备。具体的实施策略是：

第一，在加强专业知识学习的同时，考取与目标职业有关的职业资格证书或通过相应的职业技能鉴定。

第二，了解搜集就业信息的渠道，向学长、学姐了解往年的求职情况，学习撰写简历、求职信的方法和技巧。

第三，了解相关行业和企业的情况。如果准备出国留学或考研，应首先了解相关留学信息和学校信息，然后开始准备工作。

四、大四：职业生涯设计的初步演练——冲刺期

这一阶段的目标是成功就业，具体的实施策略是：

第一，深入了解相关行业和企业信息，再次检查自己的职业选择是否明智。

第二，强化求职技巧，进行模拟面试训练等。

第三，积极参加各类招聘活动，向用人单位提交简历，参加用人单位组织的面试等。

第三节 大学生职业生涯规划的调整

职业生涯规划的制定实际上是一个动态的过程，由于现实社会中有许多不确定因素的存在，新的情况不断涌现，会使大学生原来制定好的职业生涯目标与现实情况有所偏差，这就要求大学生不断反省，通过目标和行动方案的反馈信息及时做出相应的调整，从而保证最终实现人生理想。

第六章　大展宏图：大学生职业生涯规划的实施与调整

一、大学生职业生涯规划的评估

生涯规划评估主要是对各阶段的预定目标和实际结果之间的差距进行分析，找出差距产生的原因。

一般而言，目标与结果出现差距的原因主要有以下几个：

（1）目标定得过高，超过个人能力，再努力也没有用，这时要适当调整自己的目标。否则会伤害自己的自信心。

（2）目标定得过低，自己不需要花费很大的精力就可以完成目标。这种目标也没有什么价值。出现这种情况时，应及时调高自己的预期目标，以使自己的能力能够充分发挥出来。

（3）目标合适而行动方案与之不配。当目标合适而行动方案与之不相配时，会导致目标无法实现。例如，大一的学业规划目标有考英语四级，但却在实施策略中没有安排足够的英语学习时间。

（4）目标和行动方案都合适，但执行不力。例如，目标是考大学英语四级，实施策略中安排了英语学习的具体时间，但由于有其他许多事情而耽误了英语学习，导致目标无法实现，这是执行过程中存在的问题。

（一）职业生涯规划评估的作用

许多人对职业生涯规划的认识都会走入一个误区，他们错误地认为只要根据实际情况制定好了职业生涯规划就会一劳永逸，但事实上并不是这样。我们周围的环境每时每刻都在变化，我们自身的条件也不是一成不变的，所以，职业生涯规划是一个动态的过程。在实施职业生涯规划的过程中有些条件会发生变化，导致目标和结果出现一定的差距，这就要求根据实际情况对职业生涯规划进行不断的调整。至于如何调整，应取决于评估的结果。

1. 检查职业生涯策略是否得当

我们在制定职业生涯规划的时候，都是先进行自我评估。然后在此基础上为自己的职业生涯定下目标，并制定相应的实施策略，包括学习阶段、培训阶段、工作计划等，这些计划都是为实现目标而服务的。但是，这些计划是否得当，那就另当别论了。因为我们的很多计划都是在主观分析和经验的基础上制定的，因此，我们在实施这些计划的过程中要不断反省，定期对实际效果进行检验。

2. 检验职业生涯目标是否得当

职业生涯规划的每项内容都是建立在自我分析和客观事实基础上的，但是我们身处的世界每天都在发生变化，大到国际形势突变、国家政策的调整，小到组织制度的改变、组织结构变革、自身条件变化，这些都是影响我们制定职业生涯目标的客观因素。同时，大学生的心理不成熟，缺少社会阅历，加之大部分大学生对自己评价过高，对于职业生涯的期待过高，并不根据实际情况确定期望值，所以造成大部分人在制定职业生涯规划时极度盲目，制定的职业生涯目标与实际有很大的偏差，缺乏可操作性，这正是近些年毕业生跳槽率偏高的原因。因此，要定期地对职业生涯规划进行评估，要考虑所选择的职业是不是你心中最想做的工作，它是否适合你，这些问题必须在实际的工作中才能找到答案。

3. 及时调整职业生涯规划目标

阶段性的评估有助于我们及时调整职业生涯规划。我们经常强调，周围环境及我们自身都是不断变化的，如果我们不对职业生涯规划进行评估，或者说很长时间才评估一次，就不可能及时地发现问题，并迅速做出改变。许多的职业指导专家都建议至少每年做一次评估。因此，要根据实际情况，进行定期的评估，以及时纠正实施过程中出现的偏差。

第六章 大展宏图：大学生职业生涯规划的实施与调整

（二）职业生涯规划的评估标准

学生的职业规划应该是动态的，而不是静态的。而评估调整是伴随我们整个职业生涯全过程的，我们要结合自身的实际和所在组织要求来制定评估标准。例如，当前的专业符合你的理想状况吗？如果不谈工作，现阶段有什么学习目标？有创业的打算吗？当前的学习状态、学习效果、技能水平、就业机会、个人/家庭生活、成长机会、职业等，符合你的期望吗？

年轻人要对上述提到的这些变化非常敏感，并反观自身并进行评估，例如，评估自己当前有哪些技能和经验，然后确定自己必须要学哪些知识，或者自己需要在哪些方面表现得非常出色；评估自己有哪些实践技能，现在的技能和经验与就业目标相关性如何，哪些方面需要改进，等等。这里需要指出的是，证书和培训并不能解决所有的职业缺陷。只要知道了自己的职业目标，就会很容易找出你的职业差距和评估标准。

所以，我们大学生在走出校门前，有必要了解真实的企业组织评价标准，结合自己现在的学习生活，制定出适合于自己发展的评估标准。

（三）职业生涯规划评估的方法

在进行职业生涯规划评估时，要注意抓住最重要的内容，善于发掘对自己影响最大的变化，然后据此评估和修订自己的职业生涯规划。在进行调整时要注意寻找突破点，看看目标设定，是否考虑了自身的优势。或者，经过学习和培训，自身的优势是否更加突出。如果是，则需要重新进行自我认知和职业定位。

1. 反馈法

准备一个记录本，记录一段时间内学习、思考的心得体会，以及参加的各项活动及其感想，然后检查并修订自己的职业生涯规划，看看哪些事情没做好，哪些学习和工作方法需要改进，哪些能力急需提升。

2. 分析、调查、总结法

每个月或每个学期结束后,要认真总结一下自己这段时间的收获有哪些,这些收获对达到最高目标有无帮助。

另外,在每一个短期目标实现后,都应对下一步的主客观环境和条件重新进行调查、分析,看看条件是否变化,哪些变好,哪些变坏,总体如何,要做到心中有数,然后根据变化了的情况修订原来拟定的下一步计划。

3. 交流法

交流法是指经常就自己的职业生涯规划及执行情况与同学、老师进行交流,听取他们的建议和忠告,然后据此改进自己的职业生涯规划及其执行方法。

4. 对比法

对比法是指将自己的职业生涯规划及其执行情况与他人进行对比,找出自己的问题与差距,据此改进自己的职业生涯规划及其执行方法。

5. 评价法

之所以说是全方位反馈,是因为在这一方法中的评价者包括被评价者的上级主管、同事、下属、客户等各类密切接触人员,同时也包括自评。实施大学生职业生涯规划全方位反馈评价,要重点做好以下工作:做好同学间的互评;做深自我评价;做实评价反馈。评价结果的反馈直接决定了对职业生涯规划状况的改善。

(四)职业生涯规划评估的步骤

1. 确定评估目的

不论我们做什么事,在开始着手之前都要考虑一下,我们为什么要做这件事,即我们的目的是什么。所以,我们在做职业生涯规划的评估工作时要首先确定评估的目的及主要任务。

2. 进行自我评价

事实上,最了解自己的人还是自己。因此,在职业生涯规划评估中要首先进行自我评价。自我评价包括两方面的内容:其一是按完成时间评估;其二是按完成性质评估。当我们做好了一份职业生涯规划时,都会按照时间来确定阶段性任务。所以,自我评价首先就要看我们是不是准时完成了计划中的任务。如果在规定的时间内完成了所定目标,说明计划比较合理,目标和策略设定得比较得当,可以继续实施下一目标。如果在规定的时间内无法完成所定目标,那就应该进行反思,找出出现这种情况的原因及对策。我们在完成任务的时候不仅要按时,而且要保证质量。如果我们按时完成了目标,但是感到完成起来非常困难,或者感到效率很低,完成的质量不高,这时就要考虑是定的职业目标太高,还是我们没有紧迫感,没有抓紧时间。若目标定得太高,可以考虑降低目标的难度;若我们完成计划时未抓紧时间,那就应该加强紧迫感。还有一种情况就是,我们完成了既定目标,但完成得过于轻松,那就意味着我们定的目标过低,这时可以考虑适当地提高目标。综上所述,在自我评价的过程中不能单纯地考虑按时完成,还要保证质量,这样才能更好地实现目标。

3. 评价反馈信息

由于各种因素的影响,反馈信息容易出现失真的情况。例如,有些人碍于"面子",不肯讲出自己心里的真实想法,从而提供了一些无用的信息;有些人怕说出实话而得罪人,不进行客观评价,一味恭维。因此,要努力、仔细地对反馈信息进行甄别和筛选,从中选择对自己有用的信息。

4. 得出结论

运用科学的评估方法,在对反馈信息进行分析后会得出最终结论。一般来说,只要每个步骤都依据客观事实来执行,得出的结论就比较正确,评估工作也就顺利完成了。

二、大学生职业生涯规划的调整

在制定职业生涯规划时,由于对自身及外界环境都不十分了解,最初确定的职业生涯目标模糊、抽象、错误的现象极为常见。经过一段时间的实施后,目标越来越清晰,错误也逐渐显现出来,这时候可以对自己的职业定位和职业方向重新进行判断、调整。

许多同学因为不了解自己,抱着"先就业,再择业"的这种想法,随便找了单位就工作了。工作一段时间后才发现自己并不喜欢也不胜任这项工作,导致自己频繁换工作,数年之后仍然业绩平平,最终耽误自己职业发展的宝贵时间。因此,对这部分人来说,生涯规划的反馈与调整就变得更加重要。

只有通过不断反馈与调整,才能保证目标的合理性和措施的有效性,也才能最终促使生涯目标的实现。

(一)调整目的

通过评估和调整,应该达到下列目的:
(1)决定放弃或者坚持自己的目标,并进行必要的调整。
(2)明确影响实施效果的关键因素,对实施策略的合理性加以认识。
(3)对需要改进之处制订调整计划,以确定修订后的实施策略能帮自己达成生涯目标。

(二)调整内容

对职业生涯与发展规划进行调整的内容包括:
(1)生涯目标的重新选择。
(2)生涯发展路线的重新确定。
(3)阶段性生涯目标的调整。

第六章　大展宏图：大学生职业生涯规划的实施与调整

（4）生涯发展目标的调整。

（5）生涯目标实施策略的变更等。

总之，职业生涯规划完成并实施后，我们必须对阶段性的结果进行评估，根据评估的结果找出规划与结果之间的差距，分析出差距产生的原因，有针对性地对计划进行调整，并按新调整的方案有效地围绕目标行动。

（三）影响因素

1. 环境因素

环境因素包括社会环境、政治环境、经济环境、科技环境、自然环境、法律环境等。从宏观层面认识到职业生涯发展的局限和可能，个人只能适应而不可改变。

2. 组织环境

组织环境包括组织规模、组织结构、组织文化、组织发展状况、人力资源规划、人力资源管理系统类型、晋升政策、人际关系等一切与职业生涯发展有关的组织因素。要改变组织因素非常困难，但个人可以选择到最适合自己发展的组织中工作。

3. 个人因素

个人因素包括年龄、性别、学历、工作经历、家庭背景、人格等。一方面你要正确认识自己，另一方面要不断完善自己。组织和个人只能使用第一因素，正确认识和分析第二、第三因素，寻求个人发展和组织发展的最佳匹配。总之，生涯目标实施策略的评估和调整可以按以下模式进行。

（四）调整方法

1.PDCA 循环法

在职业生涯规划实施的过程中，反馈与调整评判一个人的职业生涯规划是否有效,有一个重要的方法即 PDCA 循环法。

PDCA 是计划(Plan)、实施(Do)、检查(Check)、行动(Action)的首字母组合。显而易见,其整个过程可以分为规划、实施、检讨与改善四个步骤。各步骤密切相关,各有职责。

(1)计划,表示根据生涯目标的要求制订科学的计划。职业规划的关键就是明确自己的意图,只有对自己的目标有一个清晰的认识,才能不断地向着那个方向努力,一步步靠近自己的目标。没有目标的航行,很容易迷失方向。

(2)执行,实施计划。很多人只想要改变自己目前的状态,但却只是停留在想想的层面,很难去行动。而只有真正去实施自己的计划,才会拥有想要的工作和生活。

(3)反馈,表示检查计划实施的结果与目标是否一致。执行了一段时间的规划之后,会慢慢发现问题所在,回望过去,分析现状,才能找到更好的解决问题的方法,通过不断的"自检"及时发现问题,解决问题非常关键。

(4)行动,即纠正错误,调整方向,在对以往行动的结果进行检验的基础上,对方案进行调整完善后再执行。当反省之后,会得出一些新的方法,据此才能在不断地调整之下一步步靠近目标。

PDCA 循环过程可以使职业生涯管理向良性循环的方向发展,通过实施并熟练运用,一定能在工作中不断提高效率,更有效地驾驭工作,从而使自己无懈可击,远离惰性,成就不平凡的职业生涯。

2. 具体的调整步骤

第一步,重新分析自身条件。通过"我能干什么、我能干好什么"的自我反思,掌握个人条件的变化及其在职业实践中检验的结果,加深对自己的认识,检验自己的职业素质是否符合现在所从事的职业的要求,检验自己的职业能力是否达到了现在所从事的职业的要求。调整职业生涯规划时的自身条件分析,与第一次进行职业生涯规划时的"分析发展条件"不同。其不同主要表现

第六章　大展宏图：大学生职业生涯规划的实施与调整

为以下两方面。

（1）重新分析自身条件，是在经过职业活动实践检验的基础上进行的，即已对原目标有了不满之意。学生时代的发展条件分析，多半是从理论到理论的分析，对自身条件和外部环境的分析往往带有脱离实际的"非理性"色彩。毕业生在求职实践或从业实践中，已切身感受到发展目标、发展台阶或发展措施脱离实际，有必要对原有职业生涯规划进行调整。

（2）重新分析自身条件，是在对原定规划已有调整意向的前提下进行的，即已对新目标有了初步想法。这种调整意向，往往是在有了新的发展目标，至少是对第一阶段目标已经有了调整决心时产生的。毕业生在求职实践或从业实践中，与职场有了"零距离"接触，开阔了视野，对繁花似锦的职业世界有了进一步了解，因而产生了调整长远目标或阶段目标的决心。

第二步，重新分析发展机遇。随着家庭、行业以及社会经济条件的不断变化，我们需要围绕新的目标对当前经济社会的发展趋势进行分析。例如，所从事的职业在目前与未来社会中的地位，社会发展对自身发展的影响，自己所在企业的内外环境以及个人的人际关系等方面。

第三步，修改职业生涯发展目标。修改职业生涯发展目标，应该着重分析发展目标的价值取向。已有求职实践或从业实践的毕业生，与缺乏求职、从业实践的在校生相比，发展目标的价值取向不再是虚拟的、理论的，而是实在的、务实的。实在的、务实的价值取向，对于修改职业生涯发展目标或阶段目标，是十分有益的。在取得求职或从业实践经验的基础上，对原有的价值取向进行深刻的反思，是修改职业生涯目标的重要保证。

第五步，修改整体的职业生涯规划。反省原规划中存在的问题，回顾自己对原规划的落实情况，既有利于新措施的修改，也有利于新措施的落实。这种反省和回顾，不仅是调整职业生涯规划的需要，也是提高自我管理能力的过程。

根据重新设定的目标，制订整体的职业生涯规划，作为纲领性的长期规划;制订一个3至5年的职业生涯规划,作为中期发展规划;制订一个1年的职业生涯规划,作为可操作性强、变化较小的短期规划。

(五)调整要素

上述职业目标主要突出地表现为外职业生涯规划,内职业生涯规划也蕴涵其中。两者实质不同,但实现方式殊途同归:都表现为个人的不断完善、个人发展和社会贡献的更好协调。

职业生涯规划是一个有机、持续不断的探索过程,随着自身条件和外部环境的变化而变化。规划是在客观现实的基础上合理的逻辑推理,所以具有一定的弹性。在实际操作中,把合理的科学预测与实际相结合,坚持原则性与灵活性相结合,才能使规划真正得以实现。

如果前一个阶段的职业目标实现不了,可以把就业范围扩大,主要是扩大就业地域,而不是改变职业。虽然社会在不断变化,但知识始终是推动社会前进的动力。任何时候都会受到重视。职业目标也始终具有积极意义。

俗话说"计划赶不上变化",影响大学生职业生涯规划的因素很多,且随时都有可能发生变化。为了保证自己的职业生涯规划行之有效,大学生就必须不断地对自身职业生涯规划进行评估与调整。在现有的工作岗位上,是继续努力工作以获得升迁机会,还是辞职跳槽以另谋出路,抑或是准备创业?考虑这些问题时都必须特别注意以下几个核心要素。

1. 技能和要求

由于人的技能和要求会随着时间的推移而发生变化,所以有必要据此不断重新思考自己的职业选择,并在合适的条件下开发新的职业技能,培养新的职业爱好,做出必要的职业变动,从而实现职业生涯调整与未来职业技能的有效统一。

第六章 大展宏图：大学生职业生涯规划的实施与调整

2. 机会成本

机会成本是人们在面临多个选择时，选择其一而放弃其他所付出的最大代价。在每一个职业阶段，人们必须认真考虑这种成本，权衡为了个人或家庭生活，我们能够放弃哪些晋升的机会，或者为了职业上的发展，我们能够放弃哪些个人生活。这个问题不好好解决，我们便不能准确地评估自己的职业决策，在职业选择上也将是不稳定的，而且容易走上极端，顾此失彼，不能很好地协调家庭、朋友和同事之间的关系，让人总有一种矛盾心理，工作和生活都不愉快。

3. 工作和家庭的协调

许多参加工作的人都希望工作和家庭互不相干，从而获得某种"自由"。可是，我们不得不承认，人们的生存空间已经是一个紧密联系的整体，而且这种联系还在不断增多。所以，我们在准备对自己的职业生涯做出调整时，必须注意工作、学习与家庭的协调。

4. 工作业绩

工作业绩在职业成功中所起到的作用是对职业生涯进行评估与调整时必须考虑的因素。在职业生涯规划和调整过程中，任何员工都必须思考"我怎样才能提高工作绩效和工作技能？"这个重要问题，而不是仅仅追求表面的加薪、升迁等。因为过多地考虑加薪、升迁，往往会使人偏离职业生涯调整与成功的轨道，并影响到职业生涯规划方案的具体实施过程。

在调整职业生涯规划方案时，要充分考虑社会与组织的需要。客观的、依据现实需要的、主动的生涯规划目标的调整，恰恰引领或激励我们不断审视自己的大学生涯，使我们更加理性地合理调整规划，从而使职业生涯规划从静态过程走向不断反馈变化的动态良性循环过程。

第七章 未雨绸缪：做好角色转换与就业的准备

在进入求职择业的具体实际操作阶段时，大学生首先要做的，就是寻找与自己职业目标相吻合或接近的就业岗位。只有找到相对满意的就业岗位，才能够有针对性地进行一系列的应聘活动，如投递简历、应对招聘考试等。

第一节 从学生到工作者的角色转换

一、认识职场，转变观念

（一）树立职业意识

职业意识是人脑对职业的反映，是人们对职业劳动的认识、评价、情感和态度等心理成分的综合反映，是支配和调控全部职业行为和职业活动的调节枢纽。在职业意识中，就业意识指人们对自己从事的工作和任职角色的看法；择业意识指人们对自己希望从事的职业的看法。它们相互依赖于对方而又互相影响，它们构成的职业意识支配和调控着我们每一个人的职业行为和职业活动，对于我们的人生目标的实现有着极其重要的作用。职业意识既影响个人的就业和择业方向，又影响整个社会的就业状况。

大学生应该以职业意识为先导，仔细了解责任意识、团队意识、协作意识、服务意识等职业意识,认识到职业意识是就业和开展工作的前提,做好职业生涯规划,有针对性地加强自己的优势,为职业生涯的发展奠定基础。

有些人仅仅把工作看作一种生存的手段,对于工作基本没有什么热情,甚至丝毫不在乎工作的成与败;而另外一些人,把工作当成自己生命的一部分,自愿为工作投入自己的身心,每天都能积极地对待每项任务,有着饱满的激情,用心去感受工作的乐趣,在工作中实现人生的价值。

(二)职场与学校

1. 校园与职场的要求存在差异

在学校,重视的是学生独立学习与独立思考的能力,团队合作能力在学习过程中并不是主要指标。在职场中,更重视团队的成功,由于人物复杂,依靠个人能力完成的工作很少,一个事业的成功往往需要依靠团队的成功来达到。所以,对一些刚走出校门、进入职场的学生来说,团队合作意识还不够,依旧处在学校时的思维模式中,这是职场新人的一大弱势。

在高校,学校对学生的管理相对来讲是宽松的,而且同学之间关系融洽,可以友好相处。但这些在职场中,是行不通的,职场中有严格的规章制度来保证生产服务的不中断和无故障,领导会对你进行严格的管理和监控,而且不允许时常犯错。同事之间只有工作关系,没有私人交情,要有忍受住寂寞的心理准备。

2. 校园和职场的需求存在差异

学校里的压力通常来自学业,同学之间偶尔也会有竞争,可这种竞争不会影响生存。职场中的竞争与压力比学校要激烈得多,首先是职位上有被取而代之的可能,其次还有争取理想职位的竞争。如果你做的工作实际带来的效益比你的工资要高,那么你就有升值加薪的可能;如果你的实际工作量低于你的工资,那么你可能会被辞退。

职场通过提供有价值的产品或服务,来满足客户的需求从而获得利润。刚走上职场的年轻人如果理解企业的这个本质,也就能理解:为什么你和领导谈话因要接听客户的电话而中断,领导不会介意,但与客户会面迟到,领导会大发雷霆;你和客户产生了争执,即使你是对的,领导依然要在客户面前批评你,这些皆是职场特质。

(三)学生与职业人

1. 学生角色

大学生多处在18~24岁这一年龄阶段,是人生中增长知识、发展智力、求学成才的关键阶段。大学生的中心任务是努力学习以专业知识为主的多方面知识,培养以专业能力为主的各种能力。因此,这是一个接受教育、储备知识、培养能力的重要阶段。另外,由于大学生以学习为主,经济上主要依靠家庭,所以,可以这样界定学生角色:在社会教育环境的保证下和家庭经济的资助下,学习知识,培养能力,全面提高自身素质,努力使自己成长为社会合格的人才。

2. 职业角色

职业角色的个性表现得非常具体,但是千差万别的职业角色却有其抽象的共性:职业角色扮演具有自己的社会职位和一定职权、相应的职业规范、一定的基础知识和业务能力、履行一定的义务、经济独立。因此,可以这样定义职业角色:在某一职位上,以特定的身份,依靠自身知识和能力并按照一定的规范具体地展开工作,在行使职权、履行义务为社会做出贡献的同时取得相应的报酬。

在学校,你的身份只是学生,而成为职业人,你就有了自己的职业角色。也许你觉得自己还没准备好,怕扮演不好自己的角色,因此不断向他人、前辈学习,但应记住:学生已经不再是你的主要身份,职场里没有人有教导你的义务。

二、初入职场所面临的问题

工作中有很多职场新人,不能正确认识社会和自我,表现为社会适应能力低下和职业角色意识模糊。有些刚毕业的大学生无法胜任工作:有的缺乏主动性,不主动去发现、思考、解决问题;有的是以打工心态,当一天和尚撞一天钟,时刻准备跳槽;有的太过于强势和主动,一意孤行,不听上司的建议和意见;有的拒绝承担个人责任,习惯上推下卸,敷衍塞责;有的没有危机和竞争意识,对同伴和工作没有兴趣和激情,事不关己、高高挂起,独善其身,不愿主动地帮助他人。

职场新人面对新环境主要有以下表现。

(一)感觉工作压力大

许多刚参加工作的职场人都有这样的想法,工作压力太大了,想换份稳定又轻松的工作。尤其是一些大学生,从小在父母的百般呵护下长大,没吃过苦,这种想法尤为强烈。在学校过惯了悠闲读书时光转而进入职场,工作压力大是很多职场新人的共同感受。面对新的环境、同事、工作内容,感到措手不及,无所适从。

(二)缺乏工作兴趣

初进职场,发现工作中琐碎的事情很多,能够让自己大显身手的工作几乎没有,枯燥无趣成了生活的主旋律。此时,对工作的抱怨悄然而生,甚至影响了个人的情绪与生活。改变工作还是改变自己?或许我们应该尝试着去弄清楚现实的情况。

首先,职场新人应该意识到,在试用期,公司往往重点考查学生的个人品质、工作态度和行为模式,行业不同,公司的考查侧重点也不同。当个人基本功与职业素养达到一定水平,才可能获得较高一级的岗位或者承担重要工作。一直以来企业人士都反映职场新人的离职率较高,主要是因为职场新人眼高手低、好高骛远,因此,对于职场新人而言,心态尤为重要,要以长远的眼光来看待个人职业生涯的发展。

其次,自己的职业兴趣何在?这个问题应尽早考虑。大学生在校期间应积极参与实习实践,发现个人的兴趣与职业的结合点,以此作为择业的参考。

最后,当在职场中发现实在无法培养对目前工作的兴趣,出于专业或再就业困难等因素的限制而不得不在现有岗位发展时,应一方面努力完成本职工作,同时在工作之外积极发展或追求个人兴趣,丰富个人生活,也为自己今后有机会选择自己感兴趣的工作创造条件。

(三)无法胜任工作要求

大学的知识掌握得很好,但在实际工作当中却发现远远不够用,感觉达不到企业的高要求。现在学校里面的教育偏向于理论,但是理论如果不用于实践则几乎没有用处,当前最紧要的是尽快熟悉和掌握新知识,以适应工作需求,把在学校中学到的理论转化为实际应用。

(四)抱怨薪水低

如果一个人对自己所负责的任何工作都能事无巨细、尽力而为地完成,做到问心无愧,并时刻想着怎样更好、更快地提升自己,那么偏低的薪水绝不会持续很长时间,因为你很快就会得到提升。如果总是为自己到底能拿多少工资而大伤脑筋,那是看不到工资背后的成长机会的。事实上,决定我们未来发展的是在工作中得到的技能和经验,而不应计较暂时所得的收入,在工作中,你可以收入低,但一定要有收获。

第七章　未雨绸缪：做好角色转换与就业的准备

（五）人际关系不和谐

与人交往是每一个人生存的社会需要,否则就会产生孤独、寂寞、抑郁、焦虑等不良情绪。但人的交往能力不是与生俱来的,后天环境熏陶和有意识地培养的程度不同,每个人的交际能力也必然不同。进入一个新的环境,开始的寂寞总是难免的。有的人能够很快地与其他同事打成一片。可也有的人进入公司看到要和这么多不熟悉的人和事打交道,立刻感到手足无措。工作能做得很好,就是不容易和其他同事交往。别人在业余时间有说有笑,打牌聊天,好不热闹,而自己形单影只,和别人无话可说,索然无味。

三、顺利做好角色转换及环境适应的方法

大学毕业生即将走出"象牙塔",走向工作岗位,要实现由一名学生到一名"单位人"或"公司人"的转变。角色发生了变化,就必须按照社会与工作岗位对角色的要求来塑造自己。

（一）深入了解新单位

1. 了解单位的历史

想好好工作的话,就必须先了解公司的历史。因为一个公司或单位,虽然今天规模很大,但都会有一段艰难的创业时期,前辈们的吃苦耐劳的创业精神以及历经世事的宝贵经验会使后人受益无穷,而公司由小到大,从无到有的发展历程,也会使后人拥有一种自豪感与责任感。了解了历史,有助于你继往开来,充满信心地迎接新的挑战。

2. 了解单位的规章制度

了解单位的各项规章制度也是毕业生进入新单位后一个非

常重要的步骤,因为这将有利于尽快融入实际工作程序之中。在学校里,学生需要熟悉学生守则,知道有关的各项规定,以保证学习、生活秩序的正常进行。同样,在公司里,作为一名工作人员,你必须了解"公司章程""工作纪律""服务规则""奖励办法"等等一系列规章制度,你应该知道什么是必须遵守的,什么应该做,什么不该做。一般单位都有各类"单位规章制度"和"员工手册",它们可以帮助你尽快了解各种制度信息,以利于今后工作的顺利进行。

3. 了解与工作生活密切相关的其他政策

就职前,毕业生一般最关心的是工资待遇,但在进入新单位以后,就应该尽快了解一些与工作生活密切相关的政策,比如单位的人员培训、住房、医疗保险等等,对这些问题的了解,有助于及时调整心态,尽快适应新的工作和生活环境。

(二)全面客观地评价自己

毕业生大都自视较高,理想目标不是建立在客观条件之上。对社会生活的估计往往失之于简单片面。社会是一个万花筒,其中既有好的、有利于人发展的一面,又有不好的、不利于人发展的一面。一旦遭遇挫折,他们很容易产生不安或不满情绪。失去竞争的勇气。毕业生只有正视现实、接纳现实。正确地了解和认识自己,恰当地评价自己,将主观愿望与客观实际结合起来。才能站稳脚跟,找到真正改造世界、创造业绩的切入点。通过多种形式的双向选择,大学毕业生与用人单位双方达成协议,再经过一系列的审批程序,学生持报到证到用人单位报到,走上工作岗位,这时角色转换正式发生。大学毕业生应该逐渐熟悉单位的规章制度,了解工作的业务程序。建立新的人际关系。积极主动地开展工作,完成大学生就业后的社会角色转换。

第七章 未雨绸缪：做好角色转换与就业的准备

（三）进入新角色

获得角色的认可也就是进入新角色，即能承担某一岗位的职责，并有效地完成职责任务，得到社会认同。

大学生在校时，与书本接触得比较多，实际动手机会少，解决问题的能力相对较弱，对社会现象理想化得多，具体化、现实化得少，要进入新角色不可避免地会存在一此困难。因而，大学毕业生要利用自己的知识优势去克服这些困难。努力在实践锻炼中逐渐成长。一个好的实际工作者需要有极大的工作热情和耐心。需要有克己奉公、勤勉机敏的工作态度，需要用所学知识解决实际问题，需要有善于沟通、处理协调各方面关系的能力。

（四）安心本职工作

安心本职工作是角色转换的基础。不安心本职工作，静不下心来做事，"人在曹营心在汉"，这山看着那山高，三心二意，必然难以进入工作角色，对角色转换的实现十分不利。甘于吃苦是大学毕业生迅速进入职业人角色的前提条件。刚走向工作岗位的大学生，应尽快从学生的状态中解脱出来，全身心地投入新的工作中，把第一份工作作为了解社会的一个窗口，利用第一份工作来重新认识自己、适应社会，完成从学生到职业人的转变。

一个人在学校学到的东西是有限的。有先人说过："少而好学，如日出之阳；壮而好学，如日中之光；老而好学，如秉烛之明。"任何一个毕业生都不可能在学校学到工作岗位上所需要的全部知识。因为学校培养的是专业人才，而实际工作中碰到的问题往往是综合性的，涉及跨学科、多领域的知识。在工作环境中，一切有经验的技术人员、领导、师傅、同事都具有丰富的专业知识和实践经验，大学生应该放下架子，虚心学习，从他们身上学到许多观察问题、分析问题和解决问题的方法，学到工作中实际需要的真本领，不断提高工作业务水平，尽快实现角色转换。社会需要的是"复合型人才""通才"，不善于终身学习的人肯定跟不上时代的变化,要胜任工作、适应新环境,必须不断根据工作需要学习新知识,完善知识结构。

(五)勤于思考

要胜任职业角色,还需要积极开动脑筋,在工作中善于观察,勤于思考,勇于创新。只有善于观察,才能在工作中发现问题。只有勤于思考,在工作中才会有自己的见解,逐步培养独立开展工作的能力,更好地承担角色责任。只有勇于创新,才能将所学知识和技术创造性地应用于工作实际,胜任职业角色,开拓工作新局面。

(六)乐于奉献

乐于奉献,勇挑重担是完成角色转换的重要体现。大学毕业生奔赴工作岗位后,应从一开始就严格要求自己,增强自主意识,树立高度的责任意识和积极的奉献精神,爱岗敬业,不计个人得失,不计绳头小利,任劳任怨。努力承担岗位责任,勇挑工作重担,主动适应工作环境。更好、更快地完成角色转换。

总之,即将走向社会的毕业生必须明白,社会与自然一样奉行一条法则——适者生存。社会会关心但不会迁就年轻的新成员,社会要求遵守规则,社会期望成员劳动、贡献、现实中的角色适应虽然复杂,但只要毕业生平时注意加强个人修养,严格要求自己,是完全可以胜任所承担的职业人角色的。

(七)妥善处理人际关系

一个人走上工作岗位后,能否获得发展和成就主要取决于职业能力和人际关系两个因素。可见,人际关系非常重要。在工作单位里,主要是要处理好自己与领导、同事之间的人际关系。

一些刚走上工作岗位的学生没有认识到人际关系的重要性,忽视人际关系的处理,以致影响到工作的开展和事业的发展,因此,进入新单位以后,就应该重视与周围人们的交往、与上司和同

第七章 未雨绸缪：做好角色转换与就业的准备

事们建立起有利于推进工作和个人发展的密切关系。

办公室是工作场所，但有时会出现谈论私事、议论某部门某人长短得失的情况，作为新职员，应当以工作为中心，多谈与工作有关的话题，不要议论别人是非，而且，自己并非了解事实真相和有关群体之间的"关系网"。随便的议论既可能会给人一种不严肃的坏印象，还有可能会卷入是非之中，给自己带来负面影响。如果发现单位内存在小集团或帮派，应以公正为本，切勿卷入他们之间的争斗。

刚进入一个新的工作环境，要谦虚谨慎，以诚待人，切莫摆出一副清高孤傲的姿态，那会让人觉得难于亲近而疏远自己；要尽快与同事们熟悉起来，使自己由一名"局外人"变成新集体里和谐、融洽的一员，为以后个人的职业发展创造有利的环境；要尊重同事，认真向老职工和能力强的同事学习，力争出色地完成各种本职工作；同时，要尽量参加一些力所能及的社会工作和公益活动，尽可能为集体和社会做出更多的贡献。

（八）告别学校"后遗症"

除了仪容和礼仪之外，初入职场的你还要注意摒弃那些在学校里养成的不良习惯和种种通病，尽快长大和成熟起来，适应职业工作者的角色。

1. 克服自由散漫

很多刚进入公司工作的学生，往往还带着在学校或者家里那种散漫劲，做事不拘小节。例如，踏着上班时间点走进办公室，办公桌乱得一塌糊涂，不管给谁打电话，第一声永远是大声的"喂"等等。这种大大咧咧的工作习惯，看似无关紧要，实际上却很容易引起他人的反感。因此，新人进入公司后一定要克服在学校里养成的松散习惯，多注意一些细节是很必要的。最好不要把私事带进办公室，尽量不要在上班时间在办公室打私人电话。遵守单位的规章制度，是基本的职场礼仪，也是获取同事好感的最起码条件。

2. 摒弃强烈的依赖性

大多学生从小到大在家被父母家人呵护,在学校有老师的指引和教导,养成了强烈的依赖性,而这种强烈的依赖心理会是新人在职场上的绊脚石,最大的表现就是独立工作能力差,什么事都要靠上级安排,没有自己的主见。为此,职场新人要注意培养自己的独立性,在实际工作中要敢于做主,摆脱依赖心理,才能逐渐成长起来。

3. 少说多做

有些毕业生"自视甚高",对大问题高谈阔论,对他人的工作指手画脚,却不愿意做最基础的、分内的事情,长久下去,只会招人嫌恶。为此,职场新人应该谦虚好学,少说话多做事,要表现得成熟些,不要把个人的心情好坏、喜怒哀乐表现在脸上。平时工作中也应该尽量避免过度的锋芒,多考虑到其他同事的感受。在性格上则不要太固执,不要凡事自以为是。同时,不要怕做小事,事实上,正是很多不起眼的小事决定着别人对你的评价。

4. 不要卷入办公室纷争

平静的办公室里,一些暗中较劲的办公室纷争也时有发生,不谙世事的新人,习惯了在学校里的小团体,往往容易糊里糊涂地搅和进去。作为职场新人,切记不要盲目地加入一些办公室的小团体,作为员工,你只需要把自己应该做的那份工作做好。如果是一些意气相投的人,相互在一起交流学习有帮助的话,当然未尝不可,但如果这个团体在一起是为了办公室的政治斗争,则最好不要参与。

5. 善于主动与他人沟通

有很多刚刚步入职场的学生不太善于处理人际关系,常常只

第七章　未雨绸缪：做好角色转换与就业的准备

是埋头苦干却害怕与他人交流沟通。进入职场后,每天待在办公室的时间甚至比在家里还要多,不懂得与同事相处而只是自顾自地干活,不光自己觉得别扭,周围的人也会不知该如何是好。现代社会是一个分工越来越细的社会,每个人都难以独立完成所有的工作,因此,善于沟通和与人相处的能力变得极为重要。而且,敞开心扉与大家相处,心情也会愉快,工作效率也会提高。

6. 认真做事,注意细节

做事笨手笨脚、丢三落四是刚从学校走进单位的学生最常犯的毛病之一,不是今天打翻水杯弄湿文件,就是明天丢了发票,等等。再加上平日里动手能力差,实际生活经验不足,新人到了单位后手头上一下子多了许多工作,经常手忙脚乱处理不过来。要改善这种情况,职场新人应该学会将各种文件分门别类摆放,发票、证件等重要票据应专门存放。经常用到的文件、不大用的文件、最近用到的文件,也可以用不同的文件夹分类摆放。这样养成习惯,一目了然,既节约时间,提高工作效率,也不会手忙脚乱陷入窘境。

7. 敢于吃苦吃亏

现今80后、90后的学生,没有受过什么苦,受惯了娇宠,吃不得半点亏,受不得半点气,往往反映在工作中的加班加点干活和利益分配上。要知道,在职场中,没有人有必要对你倍加呵护,这是一个竞争无处不在的社会,要学会吃苦吃亏,要成功地实现学校到社会角色的转变,重要的不是你一个月拿多少薪水,得到多少实际好处,而是获取更多的经验。因此,职场新人不要太在意自己的得失,计较自己的待遇,要踏踏实实地做事,这会让你在职场上少走很多弯路。

8. 谦虚好学

也许你在学校确实很优秀,所以才能过五关斩六将地获得这个工作岗位。不过千万不要因此就认为自己很了不起,因为在这里的每一个人都有着辉煌的过去,都会比你更富有经验,甚至足以在一些方面做你的老师,狂妄自大会使自己受到孤立也不利于自身的成长与发展。对于职场新人来说,应该在工作中抱着一种学习的态度。这里所有的工作以及环境对你来说都是陌生的,有许多事情你都不知道如何处理,因此多虚心向同事请教是最快的一种方式。首先,你需要有一种从零做起的心态,放下无谓的架子和面子,充分尊重同事的意见和建议,不论对方的年龄是大是小,只要在单位里是自己的前辈,你都应该虚心请教,并尽量把自己以前所学的知识与实际工作联系起来。

其次,你还要尽量了解单位的企业文化,熟悉单位的竞争环境,摆脱陌生感,而不是被动地参与工作。

(九)调整生活节奏

大学生结束了"宿舍—教室—图书馆—食堂"四点一线的学校生活成为职业人,只有主动调整自己的生活节奏。才能尽快适应新环境。调整生活节奏应从三方面入手。

(1)要适应作息时间的变化。早上睡到九点,下午三点起床的"九三"学社生活方式千万要不得了。如果你是在医院、部队、公安等单位工作,还要适应三班倒或夜间值勤的规律。

(2)由于南方与北方的生活习性、饮食结构、风土人情等差别,还要学会调整原来的生活习惯、培养新的生活习惯、顺利渡过异地生活关。

(3)要学会安排自己的业余生活。参加工作以后,业余时间的学习和文化生活。主要靠自己来安持或支配。不善于支配自己的业余生活,同样很难适应新环境。

第二节　做好求职与就业的准备

面对严峻的就业形势和激烈的人才竞争,作为即将就业的大学毕业生,当务之急是要确立正确的职业方向,科学分析社会就业形势,正确处理好个人需求与社会需求的关系;防止在求职中产生从众、盲目攀比等不良心理;做好求职信息、求职信、个人简历、笔试和面试等相关的资料准备工作。

一、职业素质准备

职业素质是指劳动者在已具备了一定的生理和心理条件的基础上,通过教育培训、劳动实践和自我培养等途径而逐渐形成和发展起来的,在现实职业活动中发挥重要作用的、内在的、较稳定的基本品质。

(一)职业素质的分类

一般情况下,职业素质主要分为以下 10 类。

(1)身体素质,指劳动者自身体质和生理健康方面的基本素质。任何一个企业在聘用人才时,首先要求应聘者身体健康水平良好。

(2)心理素质,指劳动者在认知、感知、记忆、想象、情感、意志、态度和个性特征(兴趣、能力、气质、性格、习惯)等方面具有的素质。

(3)政治素质,指劳动者在政治立场、政治观点、政治信念和理想信仰等方面的素质。这是社会中每一个合格的国民应该具备的基本素质。

(4)思想素质,指劳动者在思想认识、思想觉悟、思想方法和价值观念等方面的素质。思想素质受客观环境,如家庭、社会、环境等因素的影响。良好的思想素质可以促使一个人不断地前进，获得更大的快乐和幸福。

（5）道德素质，指劳动者在道德认识、道德情感、道德意志、道德行为、道德修养、组织纪律观念等方面的素质。较高的道德水平可以增强个人在别人心中的良好印象，获得更多人的认可和赞赏。

（6）科技文化素质，指劳动者在科学知识、技术知识、文化知识、文化修养等方面具有的素质。具有丰富的知识积累，是一个人内涵升华的基础。

（7）审美素质，指劳动者在审美意识、审美观、审美情趣、审美能力等方面的素质。较高的审美水平，可以不断地提高生活的质量，增强个人的幸福感，有利于工作效率的提高。

（8）专业素质，指劳动者掌握的专业知识、专业理论、专业技能、必要的组织管理能力等。这是一个人在职业活动中赖以生存的必备素质。

（9）社会交往和适应素质，主要是指劳动者具备的语言表达能力、沟通交流能力、社会适应能力等。这种素质不是与生俱来的，而是后天培养的个人能力，是职业素质的核心之一，从侧面反映了一个人的能力。

（10）学习和创新素质，主要是指劳动者具有的学习能力、信息能力、创新意识、创新精神、创新能力、创业意识和创业能力等。

（二）职业素质的养成

职业素质的养成是培养和提高大学生职业素质的基本途径，大学生只有平时注重职业素质养成，才能为毕业后的求职就业和职场生涯打下坚实的基础。职业素质的养成是对综合素质的培养，而非只是对专业技能等某一项专业素质的培养。因此，在职业素质培养过程中，既要做到突出重点，又要做到统筹兼顾，以便全面提高大学生的职业素质。

第七章　未雨绸缪：做好角色转换与就业的准备

1. 身心素质的养成

身心素质包括身体素质和心理素质。身体是革命的本钱,没有健康的体魄就难以胜任繁重的工作。同样,在现代社会工作压力普遍较大的形势下,过硬的心理素质显得愈发重要。

（1）身体素质的养成。

健康的体魄是胜任职场工作的基本条件,大学生在努力学习的同时,还要注意养成良好的生活习惯,科学合理地分配学习、娱乐、休息时间,充分利用各种有利条件和体育设施,积极锻炼,提高自己的身体素质。

（2）心理素质的养成。

养成良好的心理素质的前提是要学会正确地认识自我,全面了解和正视自己的性格品质、兴趣爱好等个性,克服自卑和自负的心理,敢于改正自身个性上的缺点,切实提高自身的自信心,敢于竞争,保持积极心态,胜不骄,败不馁,从而养成良好的心理素质,为应对激烈的就业竞争做好心理准备。

2. 政治、思想、道德素质的养成

政治素质、思想素质是对社会主义公民的基本要求,而道德素质尤其是职业道德素质是对从业人员的行业要求和道德规范。

（1）政治素质和思想素质的养成。

加强马克思主义理论学习,培养科学的世界观、人生观、价值观是养成良好政治思想素质的必要途径。马克思主义、毛泽东思想、邓小平理论、"三个代表"重要思想、科学发展观和习近平新时代中国特色社会主义思想是改造我们思想,提高政治、思想素质的重要武器。因此,大学生要加强政治思想理论学习和自身修养,不断提高自身的政治、思想素质。

（2）道德素质的养成。

注重职业道德修养理论知识的学习,积极地参加社会实践活动,在生活中注意自身的言行举止和道德修养,做到知行合一,这是提高道德素质的根本途径。大学生要多向道德模范学习,敢于自我批评,纠正自己的缺点,切实提高个人修养。

3. 专业素质、科技文化素质的养成

专业素质和科技文化素质是求职者胜任某项职业的基本素质。大学生只有具备了扎实的科技文化素质和专业本领,才能在日益激烈的就业形势下立于不败之地。

(1)专业素质的养成。

专业素质的养成包括专业知识的掌握和专业技能的掌握。大学生要努力学习专业基础知识,了解本专业的最新动态和前沿知识,尽可能地丰富和扩展自己的专业知识。同时,大学生还要注重培养和提高自己的实践动手能力和创新能力,积极参与科研活动和专业竞赛等实践活动,不断提高自己的专业素质。

(2)科技文化素质的养成。

大学普遍开设了"科技文化素质修养"和"科学素养与人文素养"等科技文化素质方面的课程,大学生要有针对性地选修此类课程,积极参加科技文化素质教育方面的学术讲座,拓展自己的科技文化视野,促进自身科技文化素质的提高。

4. 其他方面素质的养成

大学生应积极参与丰富多彩的审美实践活动,掌握审美规律,努力尝试通过审美创造来培养和提高自身的审美素质。同时,大学生还要积极参加一些有意义的集体活动,掌握处理人际关系的方法和艺术,学会正确地处理人际关系,培养和提高自己的综合素质。

二、就业信息准备

(一)收集就业信息的主要途径

收集就业信息,一般有以下几个途径。

第七章　未雨绸缪：做好角色转换与就业的准备

1. 高校就业指导服务中心

高校就业指导服务中心(或相关主管部门)是收集就业信息的主渠道。目前,各高校毕业生就业工作的职能部门大都转变观念,以市场为导向,以服务为宗旨,在制订文件、公布信息、提供咨询、就业指导以及为用人单位举办各种招聘会方面都做了大量的工作,也取得了显著的成效。

2. 各种类型的毕业生就业市场

为做好每年的毕业生就业工作,各地方、各行业及各高校都要举办规模大小不等的"人才市场",或称之为"人才交流会""供需见面会"。这些"人才市场"有的是由一个学校或几个学校联合举办的,有的是一省或几省联办的,也有的是地市县单独举办的,所涵盖的毕业生需求信息量非常大,毕业生应珍惜并抓好这些机遇。

3. 利用各种"门路"

"门路"以"三缘"为基础。一是"血缘",指父母、亲人等,而且父母及亲人也都有自己的朋友和熟人,以此延展下去,就会变成一个"门路"网络。二是"地缘",故乡的友人、朋友、同学以及他们的朋友、同学等都属于此类。三是"学缘",一个人从幼儿园、小学、中学直至大学,会有许多同伴、同学和师长,而他们各自也都有许多亲友、同学等。通过这些"门路",你所获取的信息量就会剧增。在这里需要提示的是,要特别注意师长和校友这一"门路"。

4. 社会实践、实习或兼职

社会实践、教学实习和自己利用业余时间所做的兼职等活动,与学生所学的专业知识紧密相连。这些活动有利于毕业生开阔视野,使他们有机会了解这些单位的需求信息和对毕业生的具体要求,并在实践过程中又有一定的沟通基础,故成功率较高。

5. 媒体、报刊、书籍

毕业生就业作为社会普遍关注的热点问题,近年来也引起了新闻界的普遍重视,有关就业政策、热门话题讨论、招聘广告等也经常通过各种平面、电视或网络媒体有所报道。教育部全国高校学生信息咨询与就业指导中心主办的《中国大学生就业》杂志、教育部高校学生司和全国高校毕业生就业指导服务中心主办的《毕业生就业指导报》都是专门为毕业生就业服务的专业性报纸,定期为毕业生提供就业信息。各地主办的《人才市场报》、其他一些报纸也经常介绍一些人才需求信息及招聘广告。一些就业指导的书籍中也经常附上有关用人单位的情况介绍和需求情况。此外,许多高校都有自己专门的就业指导刊物或报纸。这些都是获取求职信息的有效渠道。

6. 网络资源

目前,我国许多高校均建立了自己的 Web 网站,网络在大学生日常的学习和生活中扮演着越来越重要的角色,借助网络来收集需求信息、了解就业政策已经成为大学生就业的主要渠道。国内绝大多数省、市和高校都建立起了毕业生电子信息网络和专门的就业网,同学们既可以及时查阅到职业需求信息,又可以将个人求职材料输入网络系统,供用人单位在招聘时参考选择,还可以获得有关就业政策、职业规划,求职技巧等各方面的帮助和指导。

互联网的发展为我们就业开辟了一片广阔的天空,通过网络获得就业信息是毕业生在信息时代搜集信息的一种高效、便利的途径。国内毕业生就业服务网站有近 40 个,同学们可以从这些网站上得到许多有益的信息。

(二)就业信息的使用

一般来说,使用信息的途径有三种:

第七章　未雨绸缪：做好角色转换与就业的准备

（1）及时使用有价值的信息去选择适合于自己的工作。要根据职业的要求与自己具备的条件，两相对照，选择适合于自己的最佳职业。

（2）根据筛选出来的职业信息要求，找到自己的差距，发现自己的不足，调节自己的知识、技能结构，提高自己的工作能力。

（3）及时输出对他人有用的信息。有些信息对自己不一定有用，但对他人也许十分有价值。在遇到这种情况时，应当主动地将这些对他人有用的信息贡献出来。他人的顺利就业，从某种意义上来说，也减少了自己的竞争者。

三、就业自荐材料准备

目前的人才市场是"卖方"市场，即求职人数是"供过于求"，一个用人单位往往会收到几倍甚至几十倍于招收计划的自荐材料，而自荐材料是求职者与用人单位取得联系、"投石问路"、推荐自己的最常用手段之一。所以，自荐材料写得好，给看材料的人留下深刻的第一印象，争取到面试的机会是求职最为关键的一步。

（一）自荐信

自荐信也叫求职信，是求职者以书面形式向用人单位提出求职请求的信函，是求职材料中必不可少的一部分。

1. 自荐信的内容

（1）称呼。

称呼要恰当。自荐信的称呼要比一般书信的称谓正规，称呼要随用人单位不同而变通。对于不甚明确的单位，可写成"尊敬的领导"等；对于明确了用人单位负责人的，可以写出负责人的职务、职称。称呼可以表现出你对用人单位的初步了解。称呼写在第一行，顶格书写，之后用冒号，另起一行，写上问候语"您好"。

（2）引言。

引言包括姓名、就读学校、专业名称、何时毕业等基本情况。引言的主要作用是尽量引起对方的兴趣看完材料,并自然进入主体部分,开头要引人瞩目,说明应聘缘由和目的。

（3）主体。

主体部分是自荐信的重点,简明扼要并有针对性地概述自己,突出自己的特点,并努力使自己的描述与所聘职位要求一致,切勿夸大其词或不着边际。

（4）客套话。

在客套话部分中,应对应聘单位进行适当的赞誉,进一步表明自己想在此单位工作的迫切愿望,写出自己对用人单位情况的了解,谈及该单位的名声、管理宗旨、工作业绩或任何其他使他们感到骄傲的东西,以表达你对他们公司有所了解,再次表明自己应聘的原因。

（5）结尾。

信的结尾首先应对用人单位花时间读你的信表示感谢,并再次表明自己的决心;要明确表达出希望对方给予答复,并盼望能有机会参加面试的强烈愿望;要留下你的电话、E-mail 等联系方式,最后以积极肯定的语气结束自荐信。同时,要写上简短的表示祝福的话语,如"此致""敬礼""工作顺利"等。

（6）落款。

包括署名和日期。署名应写在结尾祝词的下一行的右后方。日期(年、月、日)应写在名字下面。若有附件,可在信的左下角注明,如"附1:个人简历""附2:成绩单"等。

2. 撰写求职信的技巧

撰写求职信的目的就是要推销自己,引起雇主的注意,争取面试的机会。以下是撰写求职信的一些基本技巧。

（1）应聘不同的雇主和行业,你的求职信要量体裁衣,不能以不变应万变。

（2）事先细心阅读招聘广告，收集有关资料，针对每一项要求来撰写。

（3）自我推销，尽量突出自己的优点和长处。不要夸大其辞吹嘘自己的工作能力；也毋须妄自菲薄、过分谦卑，以免雇主觉得你缺乏自信。

（4）内容要精练，直奔主题，段落要分明，条理要清晰。

（5）集中精力于具体的职业目标。

（6）提出你能为未来的雇主做些什么，而不是他们为你做什么。

（7）语气诚恳，不卑不亢，表现出自信及积极的态度。

（8）注意正确的文法，切勿写错别字。

（二）求职简历

简历，就是反应求职者个人的简要经历，也可以说是一个人生活、学习、工作经历与成绩的概括总结，它提供给阅读者的信息应该是全面而直接的，用人单位从求职者的简历中，能够看出他的业绩、能力、性格、经验方面的综合表现，是用人单位对求职者进行分析、比较、筛选，最终决定录用的主要依据。

求职简历是自荐材料中最重要的部分，所以，无论是在格式上还是在内容上都要做到最好。

1. 求职简历的基本内容

（1）标题。

一般为"简历""个人简历"或"求职简历"。

（2）个人基本信息。

主要包括姓名、性别、出生年月、民族、政治面貌、家庭住址、邮政编码、联系方式、电子信箱等有关信息。

（3）受教育情况。

用人单位主要通过受教育情况了解应聘者的教育背景，所以学历一般应写在前面。包括就读学校、所学专业、主修科目、所获学分(成绩)、学位等,一般不包括初、中等教育经历,特殊需要除外。目前比较流行的时间排序是倒序,由高到低,即高学位、高学历先写。目的在于突出你的最高学历。

(4)技能和特长。

对于毕业生,特长就是你拥有的技能,包括写作、外语、计算机、体育和音乐等,如果通过国家级考试的,应一一罗列出来。另外,毕业生除了达到学校相关的教学要求外,还应写上自学取得的各种资质或等级证书、驾驶资格证等。

(5)社会实践和课外活动。

这是简历的主体部分、核心。近年来,越来越多的用人单位希望招聘到具备一定应变能力、能够从事各种不同性质工作的大学生。学生干部和具备一定实际工作能力、管理能力的毕业生颇受用人单位的青睐。

(6)实习和相关成果。

实习提供了理论联系实际的机会,增加了阅历,积累了工作经验,应尽可能将实习经历和实习单位的评价写详细,并强调收获。例如大学期间已发表过的文章、论文、成果,将是一个有力的参考内容,应写进简历并注明发表时间和刊物名称。

(7)所获荣誉。

在学校里获得过何种奖励,取得的某种成就。包括优秀学生、优秀团员、优秀学生干部、奖学金等方面所获得的荣誉。各级各类的奖励记录应附有复印件。

(8)求职照片。

照片是一种无声的语言,能够给观赏者以直观、形象的影响,从而产生联想、加深印象。求职照片的主题是求职者本人,主要展示主人个性化的真实一面,一般用近期正规的半身免冠照即可。

(9)求职目标或意向。

求职者根据用人单位的招聘信息,说明自己主要应聘什么职位,一般写上1~2个,而且这两个求职的目标不要相差太远。当你不知道用人单位的职务空缺情况时,就只能根据自己的专业特长、兴趣爱好表明求职意向。对求职的表述应力求简要清楚。

（10）自我评价。

在简历的结尾留出一格，用100～200字写一份个人鉴定。

2.求职简历的撰写原则

（1）简历不要太长。

一个企业，特别是大企业，会收到许多份简历，工作人员不可能每份都仔细研读，一般只会用1分钟左右的时间看完一份简历，所以，简历尽量要短。如果能用一页纸就能清楚地表达自己，就千万不要用两页纸。

（2）简历中一定要真实客观。

求职简历一定要按照实际情况填写，任何虚假的内容都不要写，即使有人靠含有水分的简历得到面试的机会，在面试时也会露出马脚。

（3）简历上要写明求职的职位。

每份简历都要根据你所申请的职位来设计，突出你在这方面的优点，不能把自己说成是一个全才，任何职位都适合。

（4）在文字、排版、格式上不要出现错误。

用人单位最不能容忍的事就是简历上出现错别字，或是在格式、排版上有技术性错误以及简历被折叠得皱皱巴巴、有污点。打印简历一定要用白色或鹅黄、浅蓝色的A4纸，字体最好用宋体，字号最好用小四，用黑白打印，简历最好不要折叠。

（5）简历不必做得太花哨。

简历过分标新立异有时反而会带来不好的效果。首先，一个经验丰富的招聘者可能会认为你过分修饰简历是一种华而不实的表现，进而推想你的工作态度也是夸夸其谈、眼高手低的。其次，当招聘者拿到一份精美的简历时，他对简历内容的期望值也会增加，而一旦这份简历内容的精彩程度无法与它的形式相配，招聘者的失望感也就会更强烈，这无形中提高了对简历的筛选标准，对应聘者有害无益。

（6）简历言辞要简洁直白，不要过于华丽。

大学生的求职简历的很多言辞过于华丽，形容词、修饰语过多，这样的简历一般不会打动招聘者的。

四、笔试准备

一般而言，毕业生应聘一家单位，其中的程序往往是：递交简历—参加笔试—参加面试。许多用人单位在进行面试之前往往需要应聘者参加笔试，笔试能够客观正常地反映一个人的真实水平。它主要适用于应试人数较多，需要考核的知识面较广或需要重点考核文字能力的单位。

（一）笔试前的准备

应试者在笔试前，应在心理和生理两方面做好准备，尤其是在心理上，应试者更应重视。

1. 笔试前的身心准备

（1）要适当减轻思想负担，不可给自己施加过大的压力，否则适得其反。

（2）笔试的前一天要注意休息，避免考试时精神不振，影响正常思维。

（3）适当参加文体活动，从而使大脑得以放松，以充沛的经历去参加考试。

2. 笔试前的知识准备

（1）学以致用，理论联系实际。现在的求职考试越来越强调用学过的知识来解决实际问题，通过各种实践，把所学得的知识运用到实际工作中去解决各种具体的问题。

（2）提纲挈领，系统掌握。在着手应聘复习时，应首先打破各学科的界限，认真梳理各科要点，整理成一个条理化、具体化的知识系统和总纲目,最后按照这个总纲目有计划、有步骤地进行复习。

（3）多读多练,提高阅读能力。复习时经常做些阅读训练,有助于阅读能力的提高,要做到"眼到"和"心到",特别是心到,即对每个问题都仔细揣摩,认真思考,分析比较,多问几个为什么,这样才不至于白练。

（4）正确理解,提高语言转换能力。应聘笔试中一个极其重要的考试,是将你阅读理解了的东西用自己的话把它们表达出来,这在阅读考题中叫"语言的转化"。这种转化有三种形式：一是把题中比较抽象、概括的话做出具体的解释；二是把考题中的具体阐述恰当地加以概括；三是把考题中比较含蓄的语言加以明了和正确的阐述。

（5）敏锐思考,提高快速答题能力。为了适应招聘考试中的题量,还应该尽快培养自己快速阅读、快速思维和快速答题的能力。在准备笔试的时候一定要提高答题速度。

（二）笔试的方法和技巧

笔试成绩的高低,不仅与自己的实际水平和考前复习有关,还与自己的答题技巧有关。笔试时要掌握下列方法和技巧：

1. 先易后难,先简后繁

笔试题型很多,内容也多,又要限时答好,必须合理地安排答题时间。拿到考卷,应以最快的速度将试卷扫视一遍,先要看清注意事项、答题要求,然后从头到尾大略看一下试题,了解题目类型、难易程度；再根据先易后难、先简后繁的原则确定答题步骤。

2. 精心审题,字迹清楚

在具体答题时,必须认真审题,切实弄清题目要求,逐字逐句分析题意,按要求进行回答。书写时,力求做到字迹清楚,卷面整洁,格式、标点正确,不写错别字。

3. 积极思考,回忆联想

有些试题的设计,从理论和实践两方面检查考生的基础知识和技能,并以综合运用为主,检验考生的实际水平和学习的灵活性。因此,有的试题是具有一定难度的。考试时要积极思考,努力回忆学过的知识,并进行联想,将已学过的有关内容相互联系起来比较分析,找出正确答案。

4. 保持卷面整洁

卷面必须做到字迹端正,整洁。因为招聘单位往往会从卷面上联想应聘者的思想、品质、作风。字迹潦草、卷面不整洁的人,招聘单位先不看你答的内容,单从你的卷面就觉得你不可靠;而那些字迹端正,答题一丝不苟的人,招聘单位会认为你态度认真,作风细致,对你更加青睐。

五、面试准备

面试是招聘者对应聘者的口头测试过程。所谓面试,是指为了更深入了解应聘者的情况,判断应聘者是否符合工作需要而进行招聘人员与应聘者之间的面对面的接触。随着就业市场化进程的发展,面试越来越成为人们职业选择过程中的必经之路。

(一)面试前的准备

1. 认识自己

通过跟家人和熟悉自己的老师、亲友倾谈,征询他们的意见,促进自我了解,从而做好自我介绍。自我介绍一般包括:工作模式、优点、技能、突出成就、专业知识和学术背景等,所做的介绍应与单位有关,同时,话题所到之处,必须突出自己对该单位或职位可以做出的贡献。

第七章 未雨绸缪：做好角色转换与就业的准备

2. 了解对方

为了使面试取得预期满意的效果，求职者首先要对用人单位的工作性质、业务范围以及发展态势等做充分了解，尤其是对用人单位招聘的工作岗位是否适合自己要做到心中有数。

3. 面试资料准备

（1）要把自己的求职材料：简历、各种证书、奖状、证明材料、推荐表和成绩单等的原件、复印件、照片准备好，按顺序排好、装订，整齐有序地放在书包或文件夹中。

（2）要带记录本和笔，以备急需。

（3）要准备一个大小合适的公文包或书包。

4. 面试心理准备

求职面试是令人紧张的重要时刻，因为即将要面对的是握有自己求职"生死大权"的陌生人，即便事先已有准备和做过一定的了解，但心理仍会有所顾虑。此时，应做到克服紧张情绪，以从容的心态应对面试，发挥出正常水平，展示良好风貌。

（1）思想上充分重视。

这是做好面试准备的基础。特别是第一次参加面试，其经验至关重要，一定要在思想上重视起来，不要抱着试一试、结果无所谓的态度。

（2）树立求职面试的自信心。

从学校生活到参加工作，这是人生的又一转折点。特别是参加面试，面对众多考官，他们将决定自己的命运，自然难免一个"怕"字。在这时，要克服畏惧心理，增强自信心。要看到自己的长处和优势，消除自卑感，鼓起勇气，充满信心，以挑战者的姿态去迎接求职面试这一仗。

（3）增强面对挫折的心理承受能力。

对大多数同学来说，求职不可能一帆风顺、一次成功，会遇到各种意想不到的挫折。因此,一定要有面对挫折的心理准备。不要灰心丧气,也不要怨天尤人,要冷静地分析失利的原因,多从自身查找原因,及时总结教训,多方面弥补不足,适当调整求职目标,以迎接新的挑战。

(4)端正求职心态。

尽管机会均等,但实际上机会是偏爱具有竞争心理、有表现意识的人的。应试者要走出心理误区。毕业于名牌大学、热门专业、有才气、有能力的应试者往往会因此而过于自负、自信,缺乏对面试的重视和对招聘考官应有的尊重,甚至还把自身的优势和资本当作与对方讨价还价的筹码,这样的应聘者,即使再怎么优秀也不会赢得考官的高分。

(二)面试礼仪

面试是比较正式的场合,应聘者应懂得礼仪的重要性,它直接影响主试者对求职者印象的好坏,进而决定是否录用。

(1)遵守时间。

参加面试应按约定的时间前往,最好提前10分钟抵达面试地点,一是表示你的诚意和对对方的尊重,使对方认为你是一个守时的人;二是提前到场可以稳定情绪,稍微准备,不因情绪紧张而影响面谈效果。如果迟到,一定要向对方如实说明原因,以求得谅解,给对方以信任感。

(2)耐心等待。

到达面试地点后,要在门外等候,并保持安静且正确的坐、立姿势。千万不可因等候时间长而急躁失礼。

(3)敲门进入办公室。

进入面试室先轻轻敲门,等到室内传来"请进"声后才能进入,进入面试室,与主考官打招呼、接应握手;等对方说"请坐"之后,自己才能就坐,并应说声"谢谢",然后向面试人轻轻点头致意,等候询问的开始。面试结束时,微笑起立、道谢、告别。

（4）坐姿要端正。

脚踏在本人的座位下,不可任意伸直腿、跷二郎腿、不停抖动。两臂不要交叉在胸前,更不能把手放在邻座椅背上,给人一种轻浮傲慢、有失庄重的印象。坐姿要笔直端正,切忌小动作。

（5）集中注意力。

回答主试者的问题时,不要东张西望、心不在焉,最好把目光集中在主试者的两眉之间,且眼神自然,以传达对别人的诚意和尊重。应试者大部分时间应该看着提问的主考官,但不必目不转睛地盯着对方,眼神可以停留在他的眉宇间或额头上,这样既可以保持平视,也会降低自己的怯意。

（6）注意聆听。

主考官讲话必须留心听讲,碰到不明白的问题,最理想的办法是请对方略作解释,这样既可以为自己赢得几分钟的思考时间,也可以表现出自己的认真。

（7）适时发言。

发言时语速不要太快,可以边说边想,给对方一种稳重可靠的感觉,面试回答问题,切忌只回答"是"或"不是",一定要把自己的答话略作解释。

（8）心态平和。

面试过程中,应试者应保持平和的心态,避免一切较为激动的感情流露,要表现得友善、容易相处,保持诚恳的态度。

第三节　多种就业途径解析

在求职竞争中,途径选择也是求职成功的重要因素,正确的途径选择可以减少求职的时间成本,提高沟通的效率,增加求职的成功率。如果没有选择好合适的求职途径,则要面临激烈的求职竞争,增加求职成功的难度。不论求职者的实力如何,都有必要运用有效的途径策略来帮助自己提高求职的成效。

一、通过人才市场求职

（一）如何选择人才市场

面对各种各样的就业招聘会，很多毕业生都存在着一种盲目草率的心理，没有选择性地参加各种招聘会，最终是劳民伤财，效果却不一定好。那么，毕业生应该如何参加招聘会呢？

首先，特别提醒毕业生在参加招聘会时要有所选择，参加一些有影响力的招聘会，不要盲目出击，做无谓的付出。选择招聘会之前，毕业生要明确自己的择业目标，锁定相关的地域和行业，在重点参加本校招聘会的前提下，适时出击参加其他类型的招聘会。

其次，毕业生不要指望在招聘会现场就能得到答复。如果招聘单位前挤满了人的话，毕业生最主要的应该是尽量多地了解应聘单位信息，留下对方的联系方式。

再次，毕业生参加招聘会最好能够避开高峰期。这个高峰期一般在上午九点半到中午十一点左右。而且，在参加招聘会时要尽可能选择早场，这样你有更多地机会到多家单位的招聘点了解情况、自我推荐。

最后，在参加招聘会之前，毕业生一定要通过相关网站了解将要参展的单位信息，做到心中有数，避免到了招聘会现场再大海捞针似地寻找适合自己的单位。

（二）参加人才市场招聘的方法与技巧

1. 明确目标，有的放矢

大学生要根据自己的爱好和特长、专业特点等实际情况，确定要选择单位的性质、规模、地域等，这样就可以有选择性地参加人才市场。

2. 提前获取招聘会信息

把自己的专业和感兴趣的公司标注下来,然后直接去其所在的层位,这样能够节省大量的时间、体力,提高应聘的效率。

3. 去招聘会选择早场

早场人流较少,在人流量少的情况下,你就有机会到多家单位的招聘点了解情况、自我推荐,不会像人多的时候连挤都挤不进去。大多数用人单位在招聘会开始不久,只要选择了单位所需人才的几个候选人后就打道回府了,不会等到招聘会人多的时候再选择。

4. 自我介绍一分钟,揭开更深入的面谈

一分钟的自我介绍,犹如商品广告,在短短 60 秒内针对"客户"的需要,将自己最美好的一面毫无保留地表现出来,不但要令对方留下深刻的印象,还要激起"购买欲"。同时应该认真制作一份真实全面的个人简历,充分展现自己的业务能力和知识水平,这是通向求职成功的第一步。求职者应详细介绍自己学过什么,做过什么和能做什么,愿意干什么,在实事求是的基础上,把自己的学历文凭、专业特长、取得的业绩和获得的荣誉一一展现出来。

5. 提前准备招聘时需要的英文材料

有时招聘单位的应聘表是用英文填写的。面试时,用准备好的英文进行自我介绍,与主考官顺畅交流,能够增加自己的得分。

6. 证件准备不要太繁琐

因为参会人非常多,用人单位没有时间当面验证,而是初次面试和收简历,因此,无须准备过多证件。同时也避免在人山人海的拥挤情况下丢失证件。

7. 找工作要有耐心

许多时候坚持一下，用最诚恳的态度再介绍一下自己，既向用人单位表明了诚意，又多了自我推荐的机会，用自己的耐心和诚心吸引用人单位的注意力和兴趣。

二、通过学校就业指导中心求职

学校的就业指导中心在学生的就业过程中发挥着重要的作用，不仅承担着为学生办理各种手续的任务，同时也是用人单位和学生之间的桥梁和纽带。就业指导中心会通过网络和公告等方式将一些用人单位的需求信息公布出来，同时也为用人单位在校内举行招聘信息发布会和招聘会提供场地。因此，就业指导中心也是信息来源的主要渠道之一。

各院系在毕业生的就业过程中也发挥着很大的作用。有许多单位不通过学校，而直接到院系里招人，以节省甄选的成本。我们应该主动地去要求老师的协助。经常和学校就业指导中心或学院负责人交流，向他们坦露自己的想法，请求他们的帮助，是及时获取工作信息的重要方式。

三、网络求职

在互联网时代，越来越多的企业已把人才招聘网站作为开展招聘工作的主要平台，对于现在的求职者来说，人才招聘网站已经逐渐成为最重要的信息渠道之一。

（一）网络求职的特点

网络招聘，体现在为求职者和用人单位双方提供了更加便捷的互动交流平台。对于求职者来说，网络求职的特点是其他求职方式难以企及的，具体表现为：

第七章 未雨绸缪：做好角色转换与就业的准备

1. 容量大、更新快、突破时空限制

互联网一直被人视为是海量的信息平台，信息容量大且更新快捷、方便。对于求职者来说，上网不仅可以同时看到几十甚至上百家用人单位的招聘信息，而且始终能看到最新的招聘职位。

2. 方便快捷、成本低廉

网上投递简历十分方便快捷，甚至可以一次投递多家单位、多个职位。而且如今上网的成本非常低，求职者还能免去奔波之苦，可谓省时省力。

3. 信息难辨真伪

招聘网站很多，招聘信息成千上万，对求职者来说，很难分辨信息的真假，也不太容易考证信息的出处。虽然绝大多数招聘网站都会对招聘信息进行审核，但有时候难免存在漏网之鱼，通过发布虚假信息牟利或从事其他不法活动的情况也时有出现。

4. 不利于突出个性

网站所提供的简历样式都非常模块化，千篇一律，不利于突出个人的独特之处。而且，需要填写的信息非常繁琐而不实用。

5. 简历过多不受重视

求职者在网站上输入了个人简历之后，自然希望有工作机会找上门来，但由于一个网站所存在的简历可能达到数百万份，除非是紧缺人才，否则引起注意的几率并不很高，求职者感觉难以受到重视。

6. 个人信息有泄露之忧

很多求职者在网上输入个人信息时，心理难免有这样的担心：个人信息是否会被泄露，从而被他人所用？这种担心并非空穴来风。一般来说招聘网站不会泄露求职者的简历,但也不能避免有人将公开的求职者个人信息挪作他用。

(二)网络招聘陷阱

虽然网络招聘盛行,但是由于网上选聘硬件设施并不完善,大部分网络求职平台没有配备音频、视频设备,无法实现学生和用人单位真正的网上"面对面交流",因此一些别有用心的人在网上粘贴虚假、过期的招聘信息,公布一些薪酬诱人的"招聘信息"来诱惑求职者,设下了各种陷阱。

1. 招聘单位收费和无限期试用

如果有公司上来就让你先交报名费,那一定是趁火打劫的骗子公司。毕业生在应聘时遇到收取报名费、面试费、培训费等额外费用的企业,都是应该警惕的。

有的企业招了人,就无限期地让学生实习,待遇也是按实习标准发放。这也是一种招聘陷阱。近来,很多求职的大学生被所谓的实习期三个月,再加上试用期三个月,搞得一头雾水。一些用人单位为降低人力资本,大量招募短期员工,且不签订劳动合同,待三个月试用期满,就以各种各样的借口予以解雇。就这样,一群又一群学生被这样的单位榨取劳动果实。

2. 通过招聘剽窃求职者作品

企业以选人为名,在笔试、业务考察等环节中让求职者撰写策划案、翻译文章,而这些都应是公司员工的本职工作。除了把求职学生当免费劳力外,学生在简历中把自己的毕业设计和研究方向写得一清二楚,也让不少企业坐享其成。

3. 假高薪陷阱

在大学生求职招聘中,一些单位声称高工资,以此为诱饵,但却以不给职工缴纳社会保险为条件。求职材料刚挂到网上,就有

第七章 未雨绸缪：做好角色转换与就业的准备

公司通知电话面试。面试很简单又允诺高薪，这些有可能是一些公司在利用网络搞传销，正在找工作的大学生当心掉入网上"求职陷阱"。大学生网上求职要选择一些大型的、正规的招聘网站，不要轻易在不熟悉的网站填写简历。在求职过程中，要注意甄别用人单位，查实用人单位是否正规、真实、可靠。

四、运用人际关系求职

每一个人都是社会人，都是各种社会关系的一个节点，都有自己的关系网络。这些社会关系就是求职者的资源，不论在东方国家，还是在西方国家，人际关系对求职者的实际帮助都是很大的。

我们这里所说的靠关系网进行求职，并不是鼓励你去利用家人、朋友的特殊身份，采取一些不正当手段进行求职。而是说，利用你的人际关系网络去获得更多更及时的机会。至于能否抓住这些机会，还是要靠你本身的表现和实力。

为什么靠关系求职也是一条非常重要的渠道呢？主要基于以下的几个理由。

一是员工推荐是公司招揽人才的重要手段。很多公司喜欢让自己的员工去推荐一些优秀的人，这样可以节省他们的搜寻成本，并且可以更容易地找到一些和公司的企业文化相吻合的人。

二是通过关系网可以得到很多别人不知道的需求信息。有很多空缺的职位是源于刚刚有人退休或者刚刚辞退不合格的员工，或是还在雇主脑子里的扩编计划。这些空缺并没有在报纸、网络或者媒体上刊登广告，甚至都没有上报给人力资源部门。此时如果你想获得这个信息，就要利用你的关系网，通过你的熟人，或者你熟人的熟人，去获得有关该空缺职位的信息。

三是利用关系网可以避免自己的简历被无缘无故地筛选掉。利用关系网可以更快地接近招聘者，使他们能够更好地了解你。

但是需要提醒你的是,关系并不是面试的替代品,更不是雇主是否录用你的决定性因素,真正能决定你是否被录用的还是你自己本身的实力和表现。

第八章　日臻完善：大学生职业生涯规划的管理

职业生涯管理分为自我职业生涯管理和组织职业生涯管理，在此我们主要阐述自我职业生涯管理。自我职业生涯管理，能帮助自我积极管理自己的职业生涯，促使自己了解自身的长处和短处，养成对环境和工作目标进行分析的习惯，又可以帮助个体处理好职业生活同个人追求、家庭目标等其他生活目标的平衡，避免顾此失彼，最终实现自我价值的不断提升和超越。

从自我管理角度出发，可分为职业生涯早期阶段管理、职业生涯中期阶段管理和职业生涯后期阶段管理。

第一节　职业生涯规划的早期管理

职业生涯初期(30岁前)，相当于美国学者舒伯职业生涯分期理论中的尝试阶段(25～30岁)。这一阶段是取得职业正式成员资格的阶段，人们的主要任务是了解和学习组织纪律及规范，接受组织文化，逐步适应职业生活，力争成为一名专家、职业能手。这一时期是大学生迈出校门谋求发展的第一步，也是多数人职业生涯中的关键部分。人们仍然在尝试把最初的职业选择与自身能力及社会现实条件相匹配，同时也对最初选定的职业目标进行重新审视，必要时还会重新选择、变换职业，以寻求职业与生活的稳定。

一、职业生涯早期阶段的含义

职业生涯早期阶段可以分为职业探索和职业发展两个阶段。个人离开学校步入社会,对职业的相关知识并不是十分了解,对职业规则、流程的想法和看法也较为青涩。此时,工作单位在职业生涯早期阶段的第一个任务就是从外在因素出发,如组织岗前培训、业务培训、加强员工之间合作交流、熟悉工作单位工作章程和价值理念等,帮助员工尽快适应职业岗位,迅速做好职业人角色的转变、思维的转换,以便能够迅速融入工作单位的工作氛围中。同时,个人也需要通过自身的努力逐步适应、融入工作单位,胜任岗位,实现团队合作,最终学会如何在组织系统中工作。

在实现个人社会化以后,个人则需要从职业发展的持续性、灵活性等方面着手进行规划。此时,个人在较好地完成工作的同时,开始对职业生涯的前景有更清楚的认识,其所制定的职业生涯目标更具有现实性和可行性。同时,工作单位也会为员工的职业发展提供科学合理的方法和策略,并尽可能提供公平和持续发展的机会和外部环境,使得员工在完成工作任务的同时更好地实现自身专业以及综合素质的发展,实现个人发展目标和组织发展目标的有效结合。

在职业生涯早期阶段,个人对职业探索和职业发展之间的关系并没有明确的界定,其初涉职业之时所需的知识技能仅仅来源于学校所学,而工作单位所需要的知识更多的还需要在社会实践中逐步积累。相对来讲,处于职业探索阶段的新人,只有在职业定位明确以后,才会进入职业发展阶段。这两个阶段针对不同人群所占的比重也不完全相同。

二、职业生涯早期阶段的特征

在职业生涯的早期阶段,个人离开学校开始独立工作,寻找职业,完成由学生到职员之间的角色转换。此阶段,个人的职业特征主要表现在如下几个方面。

（1）进取心强,具有乐观、积极、竞争的心态。进取心是一种内在的推动力量,它可以促使个人不断要求进步,以开拓自身的发展空间,但是由于年龄、阅历等各方面的因素,会出现浮躁、冲动、过于武断地评判自己,不能给自己的实际水平做精准的定位的现象。同时,由于争强好胜,也容易与同事产生不和谐,影响与周边同事之间良好人际关系的建立。此外,由于初涉职场,在各种因素的干扰下会对自身的最初职业选择产生动摇或怀疑。

（2）具有远大的职业理想和职业抱负。精力旺盛、充满朝气、因家庭负担较轻而洒脱是年轻人特有的气质。在刚刚步入职场之际,大部分人都会有满腔的工作热忱、宏伟的职业蓝图和强烈的成功欲望,这种内在的动力成为工作发展的内驱力。随着工作经验的积累、工作能力的提高、人际交往范围的扩大、工作业务的拓展,他们可能一步步地走向成功。

（3）组建家庭,承担家庭责任,调适家庭与事业之间的关系。随着工作的稳定,个人开始考虑成家或者生子,此时或多或少会对工作造成影响,如何将家庭与事业调适至最佳的状态成为需要注意的问题。同时,家庭责任使得个人以自我为中心的意识让位于家庭观念,家庭责任感随之增强。

三、入职初期心理调适与职场礼仪

（一）入职初期心理调适

新入职员工会有一种"水土不服""孤独""受排挤"的感觉,这是正常的。一方面,因为无论你进入哪个新团队,都有一个让别人认识、接纳你的过程,无论是对于你的人品还是才华;另一方面,本人也有一个逐步学习职业技术、提高工作能力、发挥聪明才智的过程。所以入职初期,端正态度、调整心态,极为重要。

1. 培养"职场人"心态

既然已经进入这家单位,就不要瞧不起你的单位、老板和同事,怨天尤人,"这山望着那山高"。要努力向这里的人们学习,尽快适应这里的环境;正确看待个人与单位、同事和团队的关系,调整好与各方面的关系,防止游离于集体,难以合群。为此,你必须充分了解单位的制度、发展历史、潜力和前景,明确单位对这个岗位的需求,清楚自己的位置在哪里、自己的能力处在什么层面、能为单位做什么。你必须抛弃"打工"的心态。"打工"是得过且过、打一枪换一个地方的短期行为,只看眼前利益,没有长期的打算,这样只会终生为肤浅的个人荣辱得失而工作,无法融入单位的发展洪流,提高自己的层次。

2. 积累职场经验

入职之初最要紧的,就是努力工作。你要尽快熟悉自己的业务,不要成为主管部门的负担,或因为自己工作不得力而拖整个团队的后腿,甚至被屡屡投诉。你应该主要通过个人的工作态度和工作业绩,建立跟领导和同事的信任关系。人们面对一个新的环境,往往容易接收到种种"危险"的暗示。譬如这里谁跟谁是一派的、谁是谁的亲戚……受这些危险的暗示,便不敢大胆地工作。而真实的情况往往并不是这样的。在一个新的工作环境中,人缘固然重要,但也要相信,只有好好地工作,才能得到提拔重用。为此,你必须大胆做事,多从新人的视角发现单位的问题,多提合理化建议;树立多学习的心态,多学习,善领悟,才有收获。要明确,只有宝贵的知识、经验积累,才是今后晋升或创造财富的资本。

3. 建立目标管理

新员工面对工作,难免会有一种"赶鸭子上架"的感觉,不知道从哪里入手,为此,你必须掌握并能正确运用一些常见的工作

第八章 日臻完善:大学生职业生涯规划的管理

方法。首先,要学会有效沟通,包括倾听的艺术。与同事和上下级沟通,目的在于建立互信,得到他们的帮助,使你尽快成长起来。其次,要学会目标管理。你的每日行动都应该联系你的长远目标或大目标,不能忙于事务,穷于应付,做一天和尚撞一天钟。再次,是正确的信息处理与加工。你应该形成良好的工作习惯,培养自己的信息加工与处理能力,使你的工作有条理(包括保持办公桌或工作场地的清洁整齐)。最后,是时间管理。分清工作的轻重缓急,学会按顺序完成,减少时间浪费,提高工作效率。

4. 积累人脉资源

一个人要成功,就要多研究成功人士是如何走向成功的。向成功人士靠拢,多与高水平的人相处,学习他们的长处,才能加快获得成功的步伐。那些功勋卓著的伟人,即使在最困难的时候都能忍辱负重,体现出常人所没有的博大胸怀,这才是真正值得我们学习的。反之,不要与心态不好的人交往。要记住一个公式:成功 = 潜力 – 干扰。

5. 磨炼个人意志

假如你的主管或其他上级故意为难你,找你的茬儿,总给你脸色,让你的工作很难做,你不要苦恼或干脆辞职逃避。反过来你要敢于承担压力,只有在这样的环境中历练,你才能得到提高。成功从痛苦中来,压力越大,成功就越近。要减少痛苦,必须去努力,总有一天你会凭自己的实力获得成功。为此,你要注意细节,从小事做起。同事之间也要多帮助。"物以稀为贵",我们要多做稀缺的、别人不想做的事情。付出必有回报,光想索取而不付出,是不会有回报的。

6. 坚持人生理想

无情的现实可能会击碎我们当初的职业生涯规划理想,但是不要轻易放弃理想追求。蒲松龄曾撰联自勉:"有志者,事竟成,破釜沉舟,百二秦关终属楚;苦心人,天不负,卧薪尝胆,三千越甲可吞吴。""无志空活百岁",只有怀抱理想才能助我们事业成功。但是这个理想的实现至少要三五年甚至十年八年,所以要善于历练与沉潜,不要动不动抱怨、"跳槽",或瞎折腾。提高个人收入也是理想的有机组成部分,但对于刚出校门的大学生来说,最好不要把收入看得过重,否则将因为金钱频频跳槽,而无法相对稳定地工作、学习,积累被提拔重用的资本,即便你迫切需要金钱去解决很多人生大事,诸如买房买车、结婚生子和孝敬父母等,也应三思而后行。

（二）入职初期的职场礼仪

入职初期的工作人员应该在仪表与着装、打招呼与称呼、拨打与接听电话、询问与交谈、请示与汇报等方面注意职场礼仪。

1. 仪表与着装

上班的工作人员(尤其是在机关上班),精神要饱满,仪表要端庄。站立与人交谈时,身体要直,双目注视对方,双臂自然下垂,也可交叉在腹前,不可东倒西歪、东张西望,不要把手插在裤袋里或叉腰;坐着与人交谈时,可以正坐、侧坐,不可后仰、摇晃,不能跷二郎腿,更不能抖动翘起的脚;行走时步履要轻,不要拖沓;有急事时可加大步幅,但不要慌张奔跑;走路要挺胸抬头,目视前方,忌左顾右盼、低头走路、勾肩搭背;路遇熟人应点头致意;与领导、前辈、女性同行时,原则上应让其先行。

上班或参加公务活动,要尽可能做到穿着整齐、面部清洁。上班要穿工作服,如果对穿着没有要求,服饰要干净平整、朴素大方。男性不留长发、胡须,女性不浓妆艳抹,男女都不能穿奇装异服或暴露的服装上班。要把工作牌挂在胸前,并保证工作牌的洁净。高大的人切忌穿太短的服装,服装色彩宜选择深色、单色;身材娇小的人不宜穿太长的上衣,裤子不宜太短。身材较胖的人,不宜穿得太紧;偏瘦的人要尽量穿得丰满,服装色彩要明亮柔和。就年龄而言,年轻人可以穿得活泼、随意、色彩鲜亮些,中年人应该着装严肃、庄重些。

2. 打招呼与称呼

进入单位或办公室应主动和同事打招呼,问声"早安"或"您好"。

同事之间要注意称呼。对有职务、职称的上了年纪的同事,最好在其职务或职称前加"老"字,如"老部长""老书记""老厂长""老教授";对职务或职称较低的可称"老先生""老同志""您老""×老"等;对中青年同事,既可以职务相称,如"×厂长""×经理",也可在姓前加"老"或"小"字,或姓后加"同志"或"师傅"二字,如"小张""老王同志"。对文艺界、学术界人士,尊称一般可用"先生""老师";对党务工作者可以"同志"相称;对工人或其他劳动者称其"师傅"往往比"同志"更亲切。对刚步入中年的女同志,尽量不用"老×"相称;而对同样年龄的男同志宜以"老×"相称,显得很尊重。如一时拿不定主意该如何称呼,可请问对方:"请问该怎么称呼您?"称呼得当,能增加对方对你的亲切感和信任感。

3. 拨打与接听电话

企事业单位的很多业务是依靠电话来完成的。拨打和接听电话的礼仪不可不知。

(1)拨打电话礼仪。

①拨打电话要选择合适的时间。除了紧急要事之外,一般不在上班前、用餐时或下班后拨打工作电话,通话时间最好限定在1~3分钟之内。

②做好拨打电话前的准备。拨打电话前要做好准备,考虑好通话内容,可以先把要点写在纸上。注意在电话机旁要备有常用电话号码簿及做电话记录的笔和纸。

③电话拨通后,应先自报家门,然后再报出自己要找的人的

姓名。

④通话语调要平和,不能使用脏话、粗话。

⑤电话结束时以"再见"结束通话。

(2)接听电话礼仪

①接听电话要及时。电话铃声响起不超过三遍,就应该接听。

②专心聆听对方的说话内容。不要轻易打断对方的说话,并注意不时使用"嗯""啊"等语助词,让对方知道你在认真地听。

③如对方找的是别人,应礼貌地请对方"稍等一下";如果找不到听电话的人,可以询问对方"是否可以转告";如果对方要求电话记录,应马上进行记录。电话记录一般包括:谁来的电话,找谁;来电内容,来电原因;来电提到的时间和地点。对数字或有关重要内容可重复一遍核对。通话完毕,写上电话记录的时间及何人所记,及时交给有关人员。

④通话结束时不要仓促挂断电话,应该等对方先挂电话。

4. 询问与交谈

同事之间的询问与交谈是一件极其普通与寻常的事情,但其中所包含的注意事项不可小觑。

(1)询问的礼仪。

①选择适合的称呼。切忌使用"喂"等不礼貌的招呼语,也不要使用不雅或可能引起误会的称谓,如"老头儿""戴眼镜的"。

②会应用请求语。如"麻烦您""劳驾""请问""请帮助"等。

③对被询问者表示感谢。不管对方对你的询问有无帮助,都要表示真诚的感谢。

(2)交谈的礼仪。

①交谈要先打招呼。如果想加入他人的谈话,应事先打一声招呼。若别人正在进行个别交谈,不可凑上去旁听;如果有事要找正在谈话的人,应站在一旁稍等,让别人把话说完;如果发现有第三者要加入谈话,应以微笑、点头、握手等表示欢迎;如果谈话时有人来找或遇有急事要离开,应向双方解释清楚并表示歉意。

第八章　日臻完善：大学生职业生涯规划的管理

②与人保持适当距离。说话时与对方离得过远,会使对方误以为你缺乏诚意;太近稍有不慎又会把口水溅在别人脸上。有些人有凑近别人交谈的习惯,又顾忌口气熏到别人,于是先用手掩住口腔,形似"交头接耳",也不够大方。从礼仪角度来讲,与对方保持 1.2～2.1 米的距离较为合适。

③语速、语调和音量要适中。与人交谈,声音既不能细若蚊蝇,也不能如吵架般高声大嗓门。语速、语调和音量一般以对方能够听见而又耳感舒适为原则。

④要及时赞美。交谈应不时抓住时机,用溢美的言词对对方表示赞美和肯定。

⑤注意倾听。谈话本身包括听,不要口若悬河地"垄断"整个谈话,要给对方发表意见的机会,并全神贯注地聆听对方的讲话,不要轻易打断对方的谈话。

⑥交谈的禁忌。切忌在公共场合旁若无人地高谈阔论;切忌喋喋不休地谈论对方一无所知或毫不感兴趣的事情;应避开疾病、死亡、灾祸及其他令人不快的话题;不要出言不逊、恶语伤人,也不要当面斥责别人,或跟人辩论。

5. 请示与汇报

请示与汇报工作,是上下级经常联系的方式之一,这其中也颇有学问。

（1）请示工作的礼仪

①请示工作要及时。对于工作责任、权限不明或超出自己职责范围的问题需要做出决策时,要及时请示领导,不要先斩后奏。

②请示事项要明确。请示措辞要明确,请示事项包括在什么情况下、根据什么需要、开展什么工作、解决什么问题等,这些都要表述清晰,不要让领导听得一头雾水。

③材料准备要充分。请示工作要把需要领导审阅的材料准备充分,避免请示过程中再返回办公室取领导需要阅读的材料而耽误领导的工作时间。

④不要逼领导表态。对于一时难以批准的事项,不要逼领导表态。领导延迟做决定一定有延迟的理由,勿操之过急。

(2)汇报工作的礼仪。

①汇报工作要做好充分准备。一方面要理清思路,突出重点,切莫泛泛而谈;另一方面要掌握分寸,说多说少或者不说,要由问题的性质和工作的轻重缓急程度来决定,不要谎报、瞒报,欺骗领导。如果事关重大,性质严重,第一时间一定要报告领导。

②汇报工作要做到结果优先。汇报工作应遵循"结果优先"的原则,而不是首先叙述过程,这符合上级的期待心理。

③汇报工作的语调要平和,态度要冷静,并注意适当停顿,给领导提问和发表意见的机会。

④无论请示还是汇报都要把握好时间。临时的请示汇报要选择领导不是很忙的时间前去;提前约定的请示汇报应准时到达约定地点;请示汇报由领导提出结束要求后,要及时礼貌地离开。

四、人际关系、团队合作与个人压力管理

入职初期面临的学习任务很多,但最重要的是做好人际关系、团队合作与个人压力管理。

(一)人际关系管理

职场的人际关系是每个人在职业生涯中必然会面临的一个极其复杂的课题。良好的人际关系有助于安心工作、专注做事。

1. 学会如何与领导融洽相处

(1)了解领导的管理风格。

常见的领导管理风格有如下三种:

①专制型。要求员工绝对服从,务必按照他的意愿完成工作。这类领导往往不征求员工的意见,只会确切地告诉员工必须做什

么、什么时候做以及如何做。面对这类领导,要遵循服从第一的原则,少提或不提意见。

②民主型。注重倾听员工的意见,鼓励员工参与管理的过程,坚持要求员工参与管理并提出解决问题的方法。和这类领导相处,要勤于思考,勤于发问并勇于表达自己的态度。

③放任型。对员工采取放任的管理方式,只在员工需要时才提供信息、观点、指导和其他需要的东西。这类领导先设定目标,然后让员工个人或工作团队决定如何实现目标。在这种情况下,员工需要积极主动地工作,并且具有决策、判断与组织能力。

(2)掌握与领导沟通的技巧。

对待领导的指示,要认真地执行,绝对不要找借口推托;站在领导的立场看问题,谅解领导的一些工作习惯;真诚地接受批评,避免犯同样的错误;主动向领导报告工作进程,让领导对工作进展了如指掌。此外,与不同管理风格的领导的沟通技巧还包括:与控制型领导沟通时,要直奔主题,不要说太多废话;与互动型领导沟通时,要落落大方,并坦诚地表达自己的意见;与实事求是型领导沟通时,要直截了当,谈他们感兴趣且具有实质性内容的东西。

(3)处理好上下级关系。

①要摆正上下级关系。要清楚地知道,尊重领导,服从领导,维护领导的尊严,是工作的需要,而不是领导个人的需要。

②慎重对待领导的不足。当领导在工作中遇到难题或失误时,要主动为领导分忧和担责。

③慎重地对领导提出建议。给领导提建议要注意时间、地点和场合,避免越俎代庖,产生适得其反的效果。

2. 处理好同事间关系

(1)正确对待同事间的竞争。你与同事之间的关系是唇齿相依的,最好能做到情同手足。因此要正确对待同事间的竞争,避免"同室操戈"。

（2）学会包容、尊重与互相帮助。包容不合作、不同道的同事，尊重不合群、不买账的同事，帮助有困难、有难题的同事。

（3）学会先说"对不起"。同事之间一旦发生矛盾，产生误会，要学会主动化解矛盾、消除误会，不要让关系僵化。

（4）学会正确对待不同性格的同事。对待性格傲慢的同事，勿以言语去挑逗；对待态度冷漠的同事，应该热情洋溢；对待城府深的同事，要多闻其高见；对待心口不一的同事，要坚持原则；对待好胜的同事，勿与其争锋。

（二）团队合作管理

团队合作指的是一群有能力、有信念的人在特定的团队中，为了一个共同的目标相互支持、合作奋斗的过程。它可以调动团队成员的所有资源和才智，并且会自动地驱除所有不和谐和不公正的现象，同时给予那些诚心诚意、大公无私的奉献者适当的回报。团队合作是现代从业人员必须学会的一种职业技能。

1. 认识团队合作原理

每个人的能力都是有限的，这是我们共同面对的生存困境。但是只要有心与人合作，善假于物，互相取长补短，就能收到双赢的效果。我们都知道，一根筷子很容易折断，但一把筷子就很难折断。进入一个组织或一个公司，就意味着一个人从个体人变为组织人。团队合作无论是对于组织还是个人而言都至关重要。每年秋季，大雁由北向南长途迁徙，"V"字形飞行阵势保持不变，这是为什么？因为头雁在前面开路，使左右两边形成真空。其他大雁在左右两边真空区域飞行，比单独飞行要省力，整个雁群也能飞得更远。正如你帮助一个孩子爬上了果树，你因此也就得到了你想品尝的果实。如果你帮助上树的人越多，你能尝到的果实也就越多。正如谚语所说："帮助别人往上爬，自己会爬得更高。"

2.评估个人团队合作素质

团队建设及团队作用发挥的基础是团队中的个人合作意识和愿望。一个优秀的团队成员应该具有以下品质：

（1）同心同德。团队中的成员相互欣赏、相互信任，而不是相互瞧不起、相互拆台；互相发现和认同别人的优点，而不是突显自己的重要性。

（2）互帮互助。不仅是在别人寻求帮助时提供力所能及的帮助，还要主动帮助同事；反过来，也要坦诚地接受别人的帮助。

（3）奉献精神。团队成员总是心甘情愿地为组织或同事付出额外的劳动。

（4）团队自豪感。团队自豪感是每位成员的一种成就感，这种成就感集合起来就凝聚成一种战无不胜的力量。

一个优秀的团队成员不应该具有以下行为：

①只想成为团队的中心而不愿成为团队的组成部分。

②不表达自己的想法，不提出自己的意见，对任何事都表示同意。

③打断别人的发言，限制别人提出意见和建议。

④表现出高人一等，喜欢评价别人，却不改正自己的错误。

⑤推卸责任。

一个优秀的团队成员应该具有以下行为：

①参与团队的讨论，积极地提出自己的意见。

②与别人共享信息。

③虚心听取别人的观点。

④愿意寻找大家一致同意的选择。

⑤相信别人，勇于承担责任。

3.提高个人团队合作能力

（1）培养自己主动做事的能力和敬业精神。团队合作需要员工积极主动地寻找自己应该做、必须做的工作。员工不应该被动地等待别人告诉你需要做什么,而应该主动去了解需要做什么,然后进行周密的计划并全力以赴地去完成。团队合作也要求每个成员具有敬业精神,把团队的事情当成自己的事情并尽自己所能,努力发挥自己的聪明才智,实现团队的目标。

(2)培养自己的全局观。团队精神不反对个性张扬,但要求每个成员具有整体意识、全局观念,优先考虑团队的需要。它要求团队成员善于将自己的点子、想法和结果与别人分享,互相帮助,互相配合,一起探讨,一起进步,共同为实现集体的目标而努力。

(3)培养自己的包容品质。团队中的每个成员性格都不一样,个人强项不一样,做事的风格也不一样。有些人动手能力强,点子也不错;有些人的见解和主张总是比别人技高一筹。团队合作要求每个成员以包容的态度看待其他人的优点和缺点,求同存异,互相信任,共同进步。

(4)培养自己的表达与沟通能力。沟通可以让团队中的成员共享资源和信息,让成员的观点、想法碰撞而产生更加具有建设性的意见和方法。持续的沟通,能使团队成员更好地发挥作用,共同实现团队的目标。表达与沟通能力对个人是非常重要的,无论你多么优秀,多么出色地完成了工作,不会表达,不能让更多的人去理解和分享,那就几乎等于白做。团队合作不是各做各的,需要团队成员间积极地表达自己的看法和意见。

(三)个人压力管理

现代职场就像一个巨大的高压锅,工作量大,担心公司倒闭、裁员、减薪,单位人事复杂,工作时间过长,工作岗位常常转换等,这些都可能使员工产生压力,心悸、失眠、易怒、多疑、抑郁,甚至对工作产生厌倦情绪,严重者可能出现精神问题。所以,学会减压也是现代职场的生存技能之一。此时就要牢记:"你不能控制所有的压力,但能够支配自己的身心,使自己减少伤害。"

第八章　日臻完善：大学生职业生涯规划的管理

1. 正确认知

职场压力是必然的,也是必要的。压力具有消极面,也有积极面。诚如著名心理学家罗伯尔所说:"压力如同一把刀,它可以为我们所用,也可以把我们割伤。那要看你握住的是刀刃还是刀柄。"适度的工作压力可以增加我们的责任心,但压力超出我们承受的程度,它就有害无益。当我们认识到这些以后,就要放弃无意义的执着,坚决不做"全优生"。有些人总想得到一切而怕失去一点点,带着压力熬过每一天;还有一些人做事追求完美。事实上,不要过高地定位自己,或者因为一点挫折就把自己看得一无是处;也并非所有的工作都要尽善尽美,有些工作只要做到80分就够了。每个人都是有所能有所不能的,只要找到自己最擅长的那一点,并使之最大化,你就会因游刃有余而倍感轻松。不要时时处处与别人比,尤其是不要拿自己的短处同别人的长处比。有时压力在很大程度上来自于你对某些事情的逃避,但当你挑战了自己的极限,或者哪怕是走出小小的一步而获得成功,你都会信心倍增。当你觉得日子一成不变时,也可以设法改善工作方法或尝试新的工作方式。总之,你要对自己的状态保持监控并不时进行调控。

2. 调整心态

心理学家认为,我们眼中的世界是你想看到的世界;你做出的反应,不仅是外部因素的导引,也是内心欲望的驱使。缓解压力,既需要一个宽松的环境,也需要一个良好的心态。调整心态的内容与方式有:

(1)记住好事,忘记坏事。你的心情不是取决于你尽遇上好事,还是尽遇上坏事,而是取决于你是记住好事,还是记住坏事。

(2)利用幽默。在工作中,有时适当的幽默可以化解冲突、活跃气氛、缓解压力,并且它们是低成本甚至是无成本的。

(3)积极的自我暗示。要多对自己说一些"我行",少对自己说一些"我不行"。积极的自我暗示可以影响你的心态,进而影响你的行为及其结果。

（4）保持乐观。乐观者认为失败是可以转化的,悲观者则认为失败是一成不变的,这两种迥然不同的看法对人们的心态具有直接、深刻的影响。

（5）珍惜你所拥有的。人性的弱点就是企盼得到自己没有得到的东西,而对自己现在所拥有的却不那么珍惜;只有在失去自己现在所拥有的东西时,才倍感它的珍贵。

（6）善用合理化机制。把得不到的东西说成是不好的,把自己得到的东西看成完美的、符合自己意愿的,由此来减轻内心的失望与痛苦。这种"酸葡萄心理"是对心理防御机制的适当运用,对保持人类的心理健康是有益的。

（7）学会放弃。生活中大部分人心里都在想如何更多地"拥有",一样都不能少。结果是想拥有得越多,心理包袱就越大、越重。理想的生活应该是学会放弃。

3. 善于应对工作

单纯地回避工作去谈减压,工作压力是减了,但生活压力和发展压力又来了,正所谓"按下葫芦起了瓢"。减压的前提应该是不低于现有的绩效,甚至超过现有的绩效,这样才有意义。如果工作效率与效益提高了,压力自然会有所减轻。有效应对工作压力的具体举措有:

（1）调整职业生涯规划。你可以重新评估一下当前所选择的职业是否适合自己,判定自己到底需要什么、什么目标是可以达到的、什么目标是应该放弃的;如果不适合,你可以根据自己最初的理想和目标对自己的职业生涯规划做一次调整。只有找到自己最恰当的职业定位,你面对工作时才可能乐此不疲,干起事来才能游刃有余,在你面前的压力也才会变成一个接一个的有趣挑战。

（2）提升工作能力。当你高度胜任某份工作时,你就不会有很大的压力,即使有压力也能坦然面对。

（3）扮演好你在工作中的角色。许多职场人士的工作压力来自工作中没能正确扮演好自己的角色,即角色混乱。

（4）挖掘工作中的积极面。不要仅把工作视为谋生的手段,也要努力去寻找其中的乐趣,体验其中的快感。

（5）学会分解、传递压力。要学会把压力分解,传递到所在的团队的其他人身上。这不是推诿,什么事都是你一人做、一人担,没准别人还在背后抱怨你哩！

（6）搞好工作中的人际关系。与同事建立良好的合作关系,与老板建立有效的支持关系,多建立一些非工作关系的交往圈子,他们在关键时刻可以成为你的倾听者和意见提供者。

（7）做时间的主人。根据工作的轻重缓急,主动、有序、合理地安排时间,而不是由工作占满所有的时间。

（8）把工作与休息明确分开。工作时好好工作,休息时好好休息；如果无时无刻不在想工作、干工作,对个人不利,对工作也不利。

4. 掌握一些减压方法

（1）简易减压方法。如外出旅游,购物减压,稍后处理,SPA减压,看电影等。

（2）需要坚持做的减压方法。如读书减压,瑜伽减压,冥想减压,足底按摩,音乐疗法,准时回家,闻香缓压,食味缓压等。

（3）求助式的减压方法。如聊天减压,心理咨询等。

五、职业生涯早期阶段的管理措施

员工是工作单位的重要组成要素之一,其所具备的能力与技能会直接影响到工作单位长期可持续发展。在职业生涯早期阶段,如何能够最大限度地发挥个人工作的积极性和创造性,实现个人与工作单位的互动共进,不仅需要个人进行职业生涯学习与规划,更需要高校和用人单位对个人进行早期职业生涯管理。

(一)高校在职业生涯早期阶段对学生个人的职业生涯管理

1. 建立完备的以职业生涯规划指导为中心的就业指导体系

为了有效实现高校毕业生就业的可持续发展,广大高校有必要实施系统的大学生职业生涯规划工程,为大学生正确、合理地规划未来的职业生涯提供明确、有针对性的专业指导。

然而,相比较美国、日本、加拿大等发达国家较为完备的就业指导体系而言,我国在此领域的发展仍很滞后,高校并没有建立起一整套健全的职业生涯规划指导机制和与之相匹配的工作部门。因此,各高校有必要借鉴西方高等教育管理的先进理论和实践经验,并对其进行归纳和整合,形成具有中国本土特色的有成效的就业指导工作方法,即建立职业生涯规划研究办公室、职业生涯规划咨询测评室、职业生涯规划网络中心三位一体的工作部门设置模式。

具体而言,职业生涯规划教研室主要负责相关理论研究,制定指导大学生进行职业生涯规划工作的方针政策,并将这些方针政策融入学校职业生涯规划课程中。根据学生职业生涯目标为学生设计个性化课程,进行分阶段教学。职业规划咨询测评室主要由在心理学、人力资源管理学、教育学等方面有造诣的专业人士组成,针对人生定位、职业介绍与规划、用人信息、政策导向等内容提供专业的职业咨询。借助心理学测量科学的研究成果、已有经验和科学手段对大学生个性特征、气质类型、职业能力倾向等进行测评,以帮助学生客观、真实地了解自我,为其制定正确的职业规划战略、做出科学的职业决策提供理论依据。职业生涯规划网络中心可通过建立大学生就业信息网,实现劳动力市场信息系统、各高等教育机构、各用人单位的联网,形成可共享的网络平台,并配以职业咨询人员开发测评、生涯设计等方面的专业软件,实现网络在线调查、咨询和指导。

第八章　日臻完善：大学生职业生涯规划的管理

2. 开设分阶段、有重点的职业生涯规划课程

有调查数据显示,超过80%的大学生认为职业生涯规划重要或非常重要,70%以上的大学生表示需要或非常需要职业生涯规划指导。特别是在职业变换频率过快的时代背景下,学校分阶段、有重点地开设职业生涯规划课程对大学生就业具有非常重要的现实意义。

首先,开设职业生涯规划课程有助于学生认知自我,准确定位。由于个体对自身能力、个性、兴趣等各方面的认识往往带有主观色彩,科学地分析自我对明确地认知自我就非常重要。职业生涯规划教研室教师应运用科学的测试手段指导学生对自身的个性特征、气质类型、职业能力倾向、职业适应性等进行全面的评估,对自身及所适合职业进行充分认知,为学生自我定位和选择适合自身特性的职业生涯发展道路提供科学的理论指导。

其次,开设职业生涯规划课程有助于学生认知社会,明确目标。在认知自我的基础上,教师需指导学生了解当今社会的发展趋势,如了解社会政治、经济发展状况,社会各职业的发展前景及目前的需求状况,当前的就业政策及导向,劳动力市场上的供求形势等。在明确认知自我和社会的基础上,指导学生遵循"人职匹配""职业锚"等原则和理论,按照"择己所爱、择己所长、择世所需"的原则,选择适合自己的职业发展定位和目标。

最后,开设职业生涯规划课程有助于学生坚定不移地实施计划。教师在学生明确职业生涯目标和职业生涯发展路线后,要根据各方面情况制定出教育培训及实践计划等切实有效的措施。具体而言,专业教师要针对学生特点,依据个性化指导模式指导学生规划好大学生活,确立早期职业生涯总目标,同时将总目标细化为多个具体可行的子目标,使每一位学生在每个阶段,甚至每月、每周、每日、每时都有小目标,并真正落实到位。

（二）工作单位在职业生涯早期阶段对员工个人的职业生涯管理

1.对新员工进行有效的岗前培训、上岗引导,缩短个人与组织融合的进程

新员工在步入职场的初期,往往对工作环境及模式不甚了解,缺乏实践经验,因此,需要用人单位提供岗前培训、上岗引导,包括企业文化、组织结构、战略规划、相关岗位业务知识和技能培训、人事制度、职业发展教育等,使员工尽快了解企业的基本情况,减少上岗初期紧张不安的情绪及可能感受到的现实冲击。同时,应尽可能地主动关心、了解新员工,有针对性地引导、帮助他们取得较好的工作成绩和成功体验,建立良好融洽的关系,为以后更好地合作奠定良好的基础。

2.指导员工明确职业生涯目标,做好职业生涯规划管理

每一位初入职场的员工都希望得到工作单位的关心和重视。对于员工个人而言,为员工提供充分必要的锻炼机会,提供在专业、业务上的辅导指引,关注员工的职业生涯发展,是对员工真正的重视和关心。

用人单位在指导员工确立职业生涯目标时,一方面要适当关注员工自身的特点,了解其兴趣、特长、性格、学识、技能、智商、情商、思维方式等个体因素,同时也要考虑周边环境特征、发展变化情况、员工在环境中所处地位等整体因素;另一方面更要注重考虑员工的绩效表现,根据员工的工作表现、工作技能、工作质量等标准考评测量员工的绩效水平。通过对其工作内外的全面认识,从而更加科学、有效地对员工的职业生涯进行管理。针对个人职业特质并结合用人单位情况与个人经磋商制订出的科学合理的职业生涯规划,不仅能够对员工的发展产生强烈的激励作用,同时更有助于实现双赢。

第八章 日臻完善：大学生职业生涯规划的管理

3. 支持员工的职业探索

无论是专业技术人员，还是管理人员，其对自我的认知在职业生涯早期阶段都有一个探索的过程。为了使工作岗位更加适合员工，用人单位应该提供和宣传各种职位空缺的信息，让有意向的员工参与职位竞争的角逐，从而发现有职业发展潜质的员工。同时，还应采取必要的措施加强新员工对其自身的职业规划的参与，使其意识到规划职业生涯和完善职业决策的必要性。此外，还应尽可能多地举办职业咨询会议，通过了解每一位员工的职业目标来分别评价他们职业生涯的发展情况，同时确认他们还需要在哪些方面开展职业生涯开发活动，形成双方在职业生涯发展与管理方面的良性互动。

【案例分析】

小李的"三岔路口"

小李大学毕业，拥有英语专业八级和高级口译证书，口语水平相当出色。

她选择的第一份工作是某外贸公司翻译，但这份工作她只做了一年多。小李认为，这份工作根本不具有挑战性——她总觉得自己的工作就是机械地把别人听不懂的语言转化为能听懂的语言，简直是把自己变成了一台没有思想、只会鹦鹉学舌的机器。

通过一位亲戚的关系，也凭借自己出色的学历、能力，小李来到了一家中外合资企业做总经理助理。由于重量级亲戚的关照，加上领导特殊的青睐，在这里，小李处处受宠。但这份工作她还是只干了一年不到，原因出奇简单——她感到公司事务性的工作太多太琐碎，丝毫没有成就感。她再次选择炒了老板的鱿鱼。

小李发现，市场咨询是一项相当具有挑战性和趣味性的工作，于是她又来到一家刚刚起步的小型企业，为外企的新产品在中国上市做市场调查和消费者情况分析。正如她所愿，这份工作让她感受到了挑战性和趣味性，月薪也达到了她满意的数字。可是，这份工作加班加点使她根本没有休闲的时间，巨大的工作压力使她不堪重负。小李竟又一次萌生了辞职的想法……

一次次的转换工作让小李心力交瘁,自我感觉也越来越差。她发现,自己在职场中摸爬滚打竟也有4年多了,可是跳来跳去,为何总也找不到自己的归属?自己到底想要什么?究竟适合做什么样的工作?表面上看来,自己似乎可以胜任很多职业,但为什么每一样都做不好,也做不长?小李心里清楚,作为一个女人,到了二十七八岁,手上的青春剩下的已不算太多,就像走到了"三岔路口",是该认真考虑何去何从的问题了……

分析:

用一句行话来说,小李是处于职业发展的探索期。但是她必须立即采取措施,改变这种胡乱跳槽的现状,否则她可能跌入黑暗的深渊。她应该采取的措施是:第一,理性分析导致目前职业发展状况不佳的原因,多问自己几个为什么,明确认识到是个人原因导致发展不利;第二,根据自己的性格和核心竞争力,重新定位个人短期或中长期职业目标,画出个人职业生涯发展路线图;第三,制订计划,一步步实现个人职业生涯增值方案。一般来说,职场上提升个人身价的方法有跳槽、晋升、充电、进入名企和干一行爱一行等,这些方法在一定程度上有效,但必须以理性规划为基础,才能一步步接近个人目标。

第二节 职业生涯规划的中期管理

职业生涯中期(30～50岁),相当于美国学者舒伯职业生涯分期理论中的稳定阶段(30～40岁)和中期危机阶段(40多岁),是一个既有可能获得职业生涯成功(甚至达到顶峰),又有可能出现职业生涯危机的较宽阔的职业生涯阶段。稳定阶段人们往往已经定下了较为坚定的职业目标,中期危机阶段人们往往会根据自己最初的理想和目标对自己的职业进步情况做一次重要的重新评价,不得不面对一个艰难的抉择,即自己到底需要什么?他

第八章　日臻完善：大学生职业生涯规划的管理

们可能会发现,自己并没有朝着自己所梦想的目标前进;或者已经完成了他们自己所预定的任务之后才发现,自己过去的梦想并不是自己想要的全部。瓶颈无法突破,原地不进,热情消退,就有可能出现职业危机。因此,必须对职业生涯中期有所了解并进行有效的管理。

一、职业生涯中期阶段的特征

(一)个人总体生命空间特征

个人到了职业生涯发展的中期阶段,其总体生命空间呈现新的变化,显示出这一阶段独有的特点。

1. 职业生涯发展中期处于三个生命周期的完全重叠时期

人的生物周期贯穿人的一生,家庭生命周期则从28岁左右开始贯穿人的后半生。职业生涯周期从20岁左右开始至60岁抑或更长时间结束,如果职业生涯中期阶段定位在31～50岁,那么三者重叠的时间长达20年。而在职业生涯的其他阶段,三者重叠的时间则相对较短。

2. 职业生涯中期生命周期运行任务繁重

这一时期,个人不仅需要面对工作,还需要承担维系婚姻、赡养父母、教育子女等一系列家庭责任。因此,需要更加客观地认识自我、审视工作、确立目标方向、寻找事业与家庭之间的平衡点。

3. 职业生涯中期个人职业生涯运行和发展任务加重

在这一阶段,个人的职业能力趋于成熟,价值观、世界观基本形成,生活阅历、人际交往经验丰富,工作风格相对稳定。此时,个人希望确立或保持其在专业领域的领先地位,以自己的知识、经验、技能来获取更多的回报,然而由于可能会面临职业生涯中期危机,职业发展任务较职业生涯发展前期更加繁重。

4. 家庭生命周期在这一阶段发生显著变化,并产生相应的问题和任务

在此阶段,大部分人已经成立家庭,由单身变为有配偶和子女,且子女逐渐长大成人,父母日渐衰老,家庭关系日益复杂,任务逐步加重。个人既要承担家庭责任,又要协调好与配偶、父母、子女之间的关系,即维系好与配偶之间的关系,抚育子女成长及做好子女成家立业的准备,同时承担起赡养父母的义务与责任。

个人在三个生命周期之间存在着相互影响和作用的关系,它们之间既有相互促进、相互推动的积极作用,也有相互制约、相互冲突的消极作用。随着职业生涯的发展与推进,三个生命周期之间的影响也逐步加大。职业生涯发展中期一般是一个人在事业上逐步走向顶峰的阶段,也是家庭关系最为复杂的一个阶段,因此,常常出现三个生命周期之间的矛盾与冲突。如何实现家庭与事业之间的和谐发展,成为个人在职业生涯发展中期尤其需要注意的问题,厚此薄彼、分配不均,不仅会影响个人生物周期的健康运行,同时也会影响和制约家庭生命周期与职业生涯周期的持续稳定运行。

(二)个人职业与社会心理特征

由于职业生涯中期跨度时间长,要历经青年和中年两个年龄段,故心理特质有所不同。

进入职业生涯中期的初始阶段,从年龄段上讲,处于中青年时期,其突出的心理特质是:具有积极向上、努力进取的心态,具有干出一番事业的抱负和心理准备。他们希望能够学以致用,在和谐的工作环境中创造业绩,实现自我价值,提升应对挑战的工作能力,扩展职业提升空间,同时开始调适家庭关系,承担家庭责任,此时,无论是个人、家庭,还是工作环境均出现了变化,主要表现在以下几个方面。

第一,人到中年,客观职业工作环境和家庭环境逐渐变化,开

第八章　日臻完善：大学生职业生涯规划的管理

始出现个人理想预期与实际成就之间不一致的现状。此时子女对其职业认同与否客观上会影响自己对最初做出的职业选择是否正确的判断。而子女与自己在价值观认识上面的代沟进一步影响和加深了自身对职业生涯发展的怀疑和焦虑。而这些情感上的变化在某种程度上会给中年人的职业生涯发展带来一定影响，一部分人依然全神贯注于自我事务和自我发展，一部分人会依据自我价值观对自身进行重新评估，他们在重新评估中确立出新的成功标准和奋斗目标，如果个人的认同要求和需要从未得到满足，他们会毅然去寻找新的职业或某种业余爱好。

第二，当个体步入中年以后，子女成人、父母年迈，家庭结构发生变化。子女长大成人，抚养照顾子女的任务逐步减少，同时教育费用负担的停止使得家庭负担大幅度减轻，日常的饮食、娱乐、休闲等活动也随之改变。此时，个体还需要注意处理与配偶、父母之间的关系。随着父母年龄不断增大，赡养老人的义务和责任也逐步加重，如何更好地让双方父母安享晚年成为个体与配偶需要共同解决的问题，如果不能得到很好的处理，很大程度上会影响家庭成员的关系。

第三，在职业生涯早期阶段，人们往往未意识到时间有限，而步入中年后，开始逐渐体会到生命有限。在反思过去的同时，思考曾经制定的职业规划完成了多少，是否还有时间可以做未竟之业。当意识到个人的学习能力逐步下降，已经没有足够的精力和机会去完成预想之事的时候，会出现焦虑、抑郁的心态，产生心理负担。此时，因难以做出职业选择而产生焦虑的心理一般有两种情况，一种是正在走向成功的人，如正在向企业组织的某高层位置攀升的人，或者其专业技术已经达到一定水平，欲达到更高的层次，由于金字塔式职位结构的存在，越向上职位越少、竞争压力越大而产生焦虑心理；另一种是平日工作稳定，因某种情况突然想调换职位的人，由于年龄上的劣势，使得调换岗位出现困难而产生烦恼和焦虑心理。

（三）个人能力和职业生涯特征

职业生涯中期是一个持续时间较长的发展阶段，在这一阶段，大多数个体事业呈现由低到高向上发展的趋势，并逐步走向事业顶峰。尽管每个人的事业和能力发展的具体情况不同，但是存在某些共同特征，如人生观、世界观、价值观基本定型，生活阅历、人际交往经验丰富，个人职业能力逐步成熟、稳步提升，形成相对稳定的工作作风，职业技术娴熟、职业工作经验丰富，成为所在工作岗位的业务骨干，已经具备创造一番业绩的潜在实力等。此阶段正是个人工作卓有成效、不断创造业绩的时期，也是个人施展抱负、创造辉煌的黄金时期。职业生涯的中期，是个体职业生涯规划的重要阶段，这一阶段员工既有可能取得辉煌的成就，也有可能陷入职业生涯中期危机。如何避免中期危机的出现，开创事业高峰，需要强化个人在该阶段职业管理的任务，同时用人单位也要有效率地实施中期阶段的职业生涯管理。

二、职业生涯中期控制和职业发展

（一）职业生涯中期危机控制

1. 面对新的职业与角色选择

职业生涯中期，当经历了较长时间的职业工作，也面临着新的职业与角色选择时，个人必须查找自身的生活目标和价值观，摆脱以往的角色模式或压力，选择新的角色。或继续留在原来的职业上，通过不断实践与进修，使自己的知识更加精深，成为骨干或专家；或在单位内部调换岗位，寻找新的发展机会；或离开原职业，寻找新的职业角色；或通过培训，进入新领域，改变职业角色。

2. 应对挑战

企业单位的变革、兼并，新技术的运用，新产品的开发，新员

第八章 日臻完善：大学生职业生涯规划的管理

工的压力,同事的晋级、加薪,都会给个人带来很大的压力。就学校而言,教师与学生年龄的差距会随着时间而逐渐拉大,教师的思想逐渐保守,与学生的价值观日益不同,所面临的挑战也将越来越大。因此,无论是企业员工还是教师,都要与时俱进,加强学习,勇于接受挑战。

3. 接收新信息

在现代社会,信息是一个重要的资源,对个人职业生涯发展有着重要的影响。在信息时代,应具备接收、处理、储存与传递信息的能力,尤其是对于跟本专业有关的信息,要及时吸收、融化于自己的知识体系中。平时要多阅读专业书刊、多听专题演讲、多参加研讨会或培训,以提升自己。

4. 管理好时间

时间是最稀缺的资源,时间的价值取决于我们对它的控制。能充分利用时间,就会提高时间的边际效益。只要按照自己设定的计划坚持每日实行,控制自己,就一定能做出好的成绩。

(二)个人职业发展再开发

1. 保持积极进取的精神和乐观的心态

应从依托单位培养为主转变为依靠自己的努力。诸多的问题和生命周期运行的变化,使人的中年成为一个关键的时刻和转折点。职业中期会产生诸多问题,给个人造成巨大的压力,但同时也提供了前进的动力和机遇。对于有信心和把握获得晋升与发展的人来讲,他们充满斗志、干劲十足,将来有可能进入高层领导职位,成为职业中的稳定贡献者。如果能够正确地控制自己的感情,正视客观事实,保持乐观向上的心态,积极寻找解决问题的方法,那么大多数人都能度过危机,同时还能为新的发展打下良好基础。

2. 适当考虑降低职业生涯目标

年轻的时候,我们有过许多的梦想和追求,但由于种种原因,有些梦想只能像秘密一样深藏在心里,或如星星高高挂在天上。这对于一个人来说是个遗憾,对单位来说也是个损失。但如果单位措施得力,个人也努力了,目标还是实现不了,那就是个人的能力问题。能力的差异是客观存在的,故不能用社会精英的标准来苛求自己。人到中年应该以更加实际的态度和更加豁达的眼光来对待自己及自己的禀赋,调整自己的职业目标。如果我们制定的目标是通过自己的努力可以实现的,就不会生活在挫折带来的阴影里,而是拥有成就感。

3. 考虑新的职业与角色选择

处于职业生涯中期的人可以考虑重新审视自身的生活目标和价值观,以便选择一种更稳定的生活结构,摆脱以往的角色模式或压力。如果单位缺乏合适的机会,而个人又有能力,可以考虑寻求新的发展机会:重新学习有关的求职技巧,广泛收集职位空缺信息,撰写履历表;或继续留在原来的职业锚位上,使自己的知识和技术更加精深,成为骨干和专家;或进入管理领域,从根本上改变角色;或充当项目带头人,成为良师益友,担负起言传身教的责任。

4. 协调好三个生命周期

在职业生涯中期,每个人都面临着来自职业生涯周期、家庭生命周期和个人生物周期这三个生命周期的问题,这三个生命周期相互影响、相互制约。因此,正确处理三个生命周期运作之间的关系,求得三者的适当均衡,是个人职业发展再开发这一阶段的重要任务。首先要重新评估自我,包括重新评估自己的职业锚和贡献区,真实地看待自己的职业才干、表现和业绩,重新思考自己的成功标准和目标定位等。然后以自我重新评估和再认识的结果为基础和前提,对今后如何参加工作、如何适应家庭生活和如何做自我价值取向做出决策。三个生命周期运行本身存在着矛盾,因此做出决策、做好决策前要懂得"鱼与熊掌不能兼得"的道理,综合考虑各方面的因素,妥善处理工作、家庭和自我发展的关系,求得三个生命周期的适当平衡。

5. 树立终生学习的理念

一个人要想在竞争激烈的知识经济社会中获得生存,就需要渊博的知识作为后盾。在知识界,许多中青年学者利用各种机会重新学习,有的老同学变成了师生,有的师生则变成了同学。中年危机与压力使人们不断更新知识,转变观念,为提高在劳动力市场上的竞争力不断地给自己充电,不断地通过学习来提升自己,以确保个人在竞争中立于不败之地。只有那些通过学习不断来提升自我的人,才会成为职场中的常青树,才能保持事业发展的旺盛态势。

6. 注意身心保健

工作之余要注意休息与调养;坚持锻炼身体并注意戒掉一些不良的生活习惯,如熬夜、抽烟等;定期体检,及时发现问题、解决问题。良好的心态可以通过学习知识和技能来提高自己的自信心、增强自己战胜困难的能力来获得,避免依靠阅历、地位、关系和权力压制年轻人,导致个人名誉受到伤害。中年人容易因为名利和地位问题患得患失,影响心理健康,因此要十分爱惜自己的名声。

三、职业生涯中期阶段的管理措施

(一)用人单位管理

职业生涯中期是个人职业生涯发展中最重要的阶段,这一时期个人在度过早期的职业生涯后可能会出现职业高原现象,职业生涯中期阶段的职业特征、缺少职业素质培训、不公平的工资、岗位责权利不明等一系列原因都可能产生职业心理危机。此时，个人会感到工作受阻或缺乏个人发展空间，因没有达到预期的职业目标而产生的受挫感可能会导致工作态度恶劣，工作绩效不佳，这种职业高原现象无论对工作单位还是对个人都会产生一定的负面影响。对于单位来讲，要实现自身的发展，必须从各方面加强对员工职业生涯的有效管理，以防范和减少职业高原现象。做到有效管理，需要在管理的过程中遵循如下原则和方法。

1. 坚持以人为本，实现互利双赢

人才，特别是关键管理技术岗位的人才是一个单位的核心竞争力。当员工个人出现职业高原现象时，必然会对生产效率和经营效益产生不利影响。为此，用人单位可以通过加强职业生涯规划管理，如制定平等的晋升机制，使员工个人相信只要能力强、技术过硬，就能获得很好的发展前途，从而增强员工个人工作的内动力；提供职业素质培训机会，根据每个人的不同特点为员工制定专业培训方案，发展和提高员工的专业知识和技能；针对个体自身知识结构老化，但仍然保持高度进取心的员工可以考虑给予其定期的专业提升培训；对于需要改变工作性质的员工实施转岗培训；对于希望进入管理层的员工，在符合条件的前提下给予相关培训；创造岗位轮换的机会，通过多元化的职业活动，使员工在提升业务能力、避免职务专业化所产生的厌倦感的同时保持对工作的敏感性和创造力，不仅能够发挥个人工作潜能，而且能够增强工作适应力，提升个人价值。

2. 提倡成功标准多样化

一些员工会把职位的晋升作为其职业生涯是否成功的标准之一。然而，有限的职位只会提供给有限的员工，这使得大部分员工感到极大的心理压力。因此，企业应该提倡职业生涯成功标准多元化，让员工充分了解到职位的晋升并不是职业生涯成功的唯一标志,工作本身所带来的快乐、丰富的工作经历以及自我价值的实现也是职业生涯成功不可或缺的因素。

3. 建立多重职业生涯发展阶梯

员工的职业生涯除了管理型职业生涯以外,还有技术性职业锚、业务性职业锚等,因此,在建立传统管理型阶梯外,还应搭建技术型阶梯、业务型阶梯等多重职业生涯发展阶梯。这种与员工职业发展意愿和需求相适应的多重职业生涯发展阶梯会让员工个人结合自身兴趣爱好,经过努力上升到更高的岗位,无形中每一个员工都有更多的发展机会。这样既激发了从事非管理类岗位工作人员的竞争内动力,又减小了管理岗位员工的竞争压力,同时,还有利于员工在职业生涯阶梯之间进行转移,从而选择适合自身发展的职业阶梯。

(二)自我管理

职业生涯中期阶段,在工作单位提供了良好的外部环境的同时,个人应更加注重内在专业素质和能力的提升。具体而言,可通过如下方式来稳固和扩展自身的综合实力。

1. 进一步掌握职业技能和专业前沿信息,不断进行学习和深造

个体只有不断提高自身的专业知识、技能与技巧,才能适应社会的快速发展,在今后获得更多的发展机会。

2. 确立明确的工作目标

在职业生涯中期阶段,个人应该有针对性地为自身的发展制定发展规划,并在工作中努力进取,使自己真正成为工作单位的重要一员,在职业发展中积极争取主动权。

3. 进一步实现文化理念的融合

在职业生涯中期阶段很容易出现职场疲惫的现象,而一个企业内在和外在的文化则会增强员工与企业之间的凝聚力,会使个人及时调整好心态,对工作更加有激情和活力。

4. 选择需有挑战性的工作

很多人工作都是在追求自我价值的实现,并期望能够得到组织和社会的认可。因此,可以选择能够激发自己兴趣的工作,并把在工作中出现的困难变为前进的动力,当发现目前状况已经不再适合自身的发展,或对现在的职业感到没有希望的情况下,可以重新选择更有前途和更感兴趣的工作。

5. 挖掘潜力,寻求机遇

处于职业生涯中期阶段的员工,对于成功和自主权的需要依然很强烈。对个人而言,可改进工作方式和思维模式,使工作成为具有多样性、挑战性的任务。此外,促使自己保持对最新技术的跟踪和学习,也是有效找到出现"职业生涯高原"原因的方法。在获得了对自身潜力挖掘和对最新技术的学习后,个人可以通过在组织中申请工作轮换和平缓调动的方法来驱使自己远离"职业生涯高原"的困扰。这样,可以为个人带来足够新鲜的挑战,可以有新的技术和合作对象来改善沉闷的心情,降低做同样事情所产生的厌倦感。要尽早提升自己的才能,这样机会来临时可以顺利获得。在此阶段,我们需要做的就是不断挖掘自己的潜力,充实自己。

6. 注重学习,提升自我

职业生涯中期阶段,人都处于中年时期,是人生负担相对较重的时期,只有科学应对,化解压力,才能顺利度过这一重要阶段。所以,要注意学习,将学习作为个人生活的必然组成部分,更新专业知识和技能,提高自信心,通过阅读专业书刊、参与专题讲座、研讨会或培训,努力提升自己。并将学到的知识运用到工作中,不断改善自己的工作质量,提高绩效水平。

持续地接受教育和学习还可以让个人在面对"裁员"或非自愿重新择业的时候有足够的信心来打消自己的顾虑,比较顺畅地实现工作内容的转变或行业的转换。在信息技术高速发展、知识更新速度加快的外部环境压力下,个人可以通过学习来结交更多志同道合的朋友,拓展自己的社会网络,优化自己的知识结构。

7. 健康身心,笑对人生

由于受到三个生命周期的影响,人的中年时期是人的一生中负担相对比较重的时期,所以对于个人身心的健康就应该特别注意。应对人生事业发展的"职业生涯高原",首先要保持良好的心态,积极面对人生的各种挑战,我们可以通过学习新的知识和技能来提高自己的信心,增强自己战胜困难的能力;其次要定期进行身体健康状况检查,注意饮食和休息,保持健康平和的心态,加强体育锻炼,提高身体素质;再次要加强心理保健,心理健康和身体健康同等重要,二者是相互影响的,很多疾病都是由心理因素造成的。大家无论在什么时候,都要积极面对人生,笑对人生。

第三节　职业生涯规划的后期管理

职业生涯后期(50～60岁),相当于美国学者舒伯职业生涯分期理论中的维持阶段(45～65岁)的后半段。由于长期在某职业上打拼,这一阶段的人们一般都已经在自己的工作领域获得了一席之地,具有比较丰富的经验,得到了他人的广泛认同,达到了人们常说的"功成名就"境地。许多人也都不得不接受权力和责任减少的现实,学会接受一种新角色,更多考虑退休以后如何去打发原来用在工作上的时间。这一阶段的主要任务是:继续保持已有的职业成就,在社会竞争面前保持良好的心态,总结工作经验,做年轻人的良师益友,做好退出职业生涯的准备。

一、职业生涯后期管理的特点

(一)个人职业特点

在职业生涯中期,正值员工年富力强、职业发展至顶峰时期。随着年龄的增长,个人的体力、精力、生理机能开始退化,学习能力下降,知识、技能明显老化和磨损,但已无力更新与恢复,职业工作能力明显衰退,进取心也逐渐下降,深感力不从心。同时,曾经夺目的光环逐渐消失,个人在组织中的领导职务被年轻人取代,领导地位被新员工替代,权力与责任被削弱。但是,和年轻员工相比,他们拥有长期职业生涯积累的丰富经验和业务知识,如技术、处理特定问题的经验等,而且他们拥有丰富的人生阅历,见多识广,能冷静处理各种复杂的人与事、人与人之间矛盾的能力和经验。因此,他们依然能够在企业中发挥自己独特的优势。

(二)个人环境特点

处于职业生涯后期的员工,子女多数已经成家立业,家庭出现空巢现象,夫妻相依为命,拥有温馨的家庭和享受人生的天伦之乐成为这一时期员工的最大需求。许多人开始重新构建自己的社交圈。社交活动的目的不再是为了职业发展而有计划的"觥筹交错",而是变成了三两知己共叙友情或老友们的"家庭聚会"。

(三)个人身心特点

处于职业生涯后期的员工,在饱尝了生活和工作中的酸甜苦辣之后,健康问题逐渐显露,身体不适增加。50岁后,个人的体能和精力的退化加强,这种身体机能的变化让人陷入对死亡、赡养、老年护理及隔代孙辈抚养等问题的思考,这个阶段,个人自我意识上升,怀旧感加强。这时的员工觉得自己已经工作了一辈子,现在到了安享晚年、追求兴趣爱好的时候了,同时也开始怀念曾经的人和事。还有一部分人,在职业生涯后期会产生比较严重的心理障碍,对前途感到迷茫,自信心明显下降。这个阶段,学习能力开始下降,工作能力开始减退,进取心也逐渐削弱,经过了人生的漫长历程,酸甜苦辣尽在心间,个人安于现状,淡泊名利,坦然面对自己的人生。

二、职业生涯后期管理面临的问题

职业生涯后期也具有很多的流行性与不稳定性,所以这个阶段个人需要面临的问题也很多,主要表现在以下几个方面:

(1)职业生涯即将结束。个人在过了50岁之后,就要面临从现在的岗位上离开,把位置交给新人。但是,由于我国现有的政策,更多的倾向于在岗员工,所以造成许多老员工不愿意退下来。这种情况影响了组织的更新、更替和发展进程。另外,受到传统观念的影响,尽管很多年轻人有能力,少年得志,或者更强,但是老员工总是会有年轻人轻浮、不能担当重任的想法,所以就不愿意把自己的岗位让给年轻人。

(2)心理恐惧感增大。个人一旦从工作岗位上退下来,经济收入就会减少,但市场消费品水平却可能有所提高,在社会保障体系还不够完善的前提下,生活来源就会成为个人最大的精神负担。如果能健全保障制度,及时足额发放退休金,使个人的衣食住行有保障,那么个人在经济上的心理恐惧感就会减弱,在职业生涯后期,个人大都已经进入人生暮年,他们开始寻求心理的归宿,害怕被子女、社会和家庭所冷落。所以,年轻人要积极主动地从各个方面来关心老人,让他们的心理安全感增强,同时,在这个阶段个人由于年龄增大,身体各项机能减退,患病的几率增大,这也给个人造成了心理负担。

(3)不适应突变的生活。很多时候,当一个人养成了一种习惯的时候,就很难改变。处于职业生涯后期的员工也是如此,他们已经习惯了每天用工作来充实自己的时间,突然离开了工作岗位,离开了自己朝夕相处的工作环境,感觉很难适应,生出许多失落和无奈,面对未来的生活感到不适和迷茫。如果这个人在岗是一个工作狂的话,那就更难从失落中解脱出来,空闲时会感到无所适从。

职业生涯后期阶段,是每个职场人必须要经历、必须要面对的一个过程,这个阶段,我们可以通过转移自己的注意力,多培养自己的兴趣爱好等方式来调整好个人的心态,要学会放下,放下才能承担,休息好才能长征,活着就是一种修行。

三、职业生涯后期自我管理策略

进入职业生涯后期管理阶段,虽然个人已经进入暮年,但是进行正确的自我管理仍然十分重要。虽然每个人因为自身实际情况不同而遇到的问题不尽相同,但是把问题掌握在自己手中,凡事做到心中有数,也未尝不是一件值得做的事情。所以,我们可以采取以下措施合理地进行职业生涯后期的自我管理。

(一)面对现实,欣然接受

处于职业生涯后期阶段,伴随着个人年龄的增长,能力和竞争力下降是一个不争的事实,要学会勇敢面对,大胆接受,寻求适合自己的新的职业角色,充分发挥自己的特长和优势。有的组织考虑到老员工的利益和对公司的了解,把挑选、培养继任者的任务交给了老员工,希望他们能够发挥自己的经验优势,通过言传身教等方式,将自己的感受和对职业的理解传递给继任者。那么老员工就要对继任者既要悉心指导,又要宽容理解,通过培养他们,进而以他们获得的出色成绩来继续发挥自己在职业工作中独有的作用,求得心理上的平衡。

要培养自己无畏的精神,勇敢面对,凡是事没有做之前,就产

第八章 日臻完善：大学生职业生涯规划的管理

生恐惧的心情，以致畏难不前，浪费了大好时光，这是自暴自弃，不值得仿效，许多事情令人害怕，不敢去做。因为缺乏信心，总觉得自己无法完成。实际上果真下定决心，勇敢去做，往往会出乎意料的顺利，所有困难都会迎刃而解。处于职业生涯后期的人，应该积极主动地培养自我不畏艰难、不怕辛苦的精神，随时接受面临的挑战，坦然接受新的角色，继续走向光明的未来。人生是阶段性的调整，每一个阶段，都有不一样的努力目标。如果调整过来，那就会令人心情愉悦，退休并不是代表结束，只是另一个阶段的开始，如果调整过来，就会其乐无穷。

（二）调整心态，适应生活

职业生涯后期，缺乏直接沟通和交流的对象，没有合适的发泄情绪的渠道和方式，是直接导致个人变得忧郁不安的直接原因。自我要从思想上认识和接受"长江后浪推前浪"是必然规律，正确面对个人职业能力、权力和优势地位下降的现实，学会发展和接受新角色，积极参加社会活动，寻找适宜的新职业角色，规划退休后的生活，以便退休后继续发挥余热，老有所为，比如，我们可以和家人一起组织小型的家庭聚会，邀请亲朋好友一起参加；可以和新入职的年轻人交朋友，相互提供感情支持；还可以申请加入一些公益团队，做自己力所能及的事情。当然，所有这些努力的实施都离不开良好的心态，树立每个人的价值仍然可以通过其他方式来体现的观念，这种思想重心的转移有利于个人重新发现生活的意义。

（三）培养兴趣，充实自己

进入职业生涯后期，随着生活重心的转移，个人时间相对增加，为发展个人的兴趣和业余爱好提供了充足的条件保障。因此，人们应该多参加一些符合自己兴趣爱好、有利于身体健康的业余活动，来丰富和充实个人的生活，寻找新的满足点。孔子曾说："知之者不如好之者，好之者不如乐之者。"也就是说对于学问，了解它不如喜欢它,喜欢它又不如乐在其中。我们从事任何活动,最好能够培养兴趣,乐在其中,以期待有更好的成果。快乐地读书,快乐地工作,快乐地生活,这样的人生,该有多好。所以,作为老年人更应该继续寻找和培养自己的兴趣,使自己生活得更愉快。如定期参加社区服务活动、老年群体活动等,通过这些方式来改变自己的社交范围,扩大朋友的数量,尤其是同龄朋友的数量。在一些发达地区,个人可以通过提前参加老年大学的活动来培养自己的兴趣,充实自己的退休生活,更快地适应退休后的生活节奏。

在校大学生们,最后要提醒你们的是,职业生涯的发展不是一个间断的、前后无关的过程,而是一个相互影响、相互联系的过程,对这个过程前一阶段的管理都会影响到后一阶段的问题和管理策略,越早着手进行职业生涯周期的管理就越能为自我赢得时间和机会。

作为一名朝气蓬勃的年轻人,最重要的是要有坚定的信念,积极向上的价值观和良好的心态,只有内心具备了这些东西,才能产生无穷的正能量。一个人正确的信念、价值观、心态、智慧、知识等都属于正能量,所以,希望每一个年轻人都能成为一个内心强大的人,给自己奋斗的力量,拓展生命的里程。

【案例分析】

诸葛亮的"职业生涯管理"

东汉三国时期,群雄逐鹿,人杰辈出。与绝大多数怀才不遇者不同,长期隐居于南阳草庐的诸葛亮一出山就成为刘备集团的耀眼明星。在为刘备集团做出杰出贡献的同时,诸葛亮也成就了自己辉煌的一生。这归根结底取决于诸葛亮近乎圆满的职业生涯管理。

首先,诸葛亮的职业生涯准备充分。建安二年(197),叔父诸葛玄病逝,16岁的诸葛亮和弟妹失去了生活依靠,移居隆中(今襄阳县西二十里),靠躬耕垄亩谋生糊口。10年的农耕生活,磨砺了诸葛亮的意志,培养了诸葛亮思虑周密而极其沉稳的个性。

第八章 日臻完善：大学生职业生涯规划的管理

诸葛亮虽隐居隆中，却求学于名师，结识名流，并喜欢吟诵《梁父吟》。诸葛亮读书与多数人不一样，不是拘泥于章句，而是观其大略。通过潜心钻研，他不但熟知天文地理，而且精通战术兵法。他志向远大，以天下为己任，并常将自己比作管仲、乐毅，很想干一番大事。诸葛亮还十分注意观察和分析当时的社会大势，积累了丰富的治国用兵的知识，立誓要成为他所处的那个时代杰出的"谋略大师"。

其次，诸葛亮的择业选择独具慧眼。话说当时的天下，曹操已经统一了半个中国，实力雄厚，最有资格挑战全国统治权；孙权只求偏安自保，固守江东、雄踞一隅，虽暂无图天下之势，但实力不可小觑；而被曹操称为"天下英雄"的刘备却是一位四处逃亡、寄人篱下的没有地盘的"英雄"，就连荆州刘表、益州刘璋的实力也强于刘备。建安十二年(207)，刘备屯军新野。诸葛亮的朋友徐庶向刘备推荐了诸葛亮。刘备亲自到诸葛亮家中，前后三次，才见到诸葛亮。刘备认真聆听了诸葛亮对国内军事、政治形势以及刘备集团未来发展战略的分析，诸葛亮为刘备量身制定了"跨有荆益，东结孙权，北拒曾操"的战略方针。诸葛亮的过人谋略，令刘备对这个年仅27岁的年轻人佩服得五体投地，感觉如鱼得水，于是恳请诸葛亮出山，帮助他完成大业。在诸葛亮看来，势力最为弱小的刘备集团最具快速成长、与曹操、孙权三足鼎立乃至在此基础上一统天下的可能性。原因在于：第一，刘备坚持"光复汉室"的理想并在全国赢得了相当一批支持者，也与诸葛亮的价值观吻合；第二，刘备品性坚韧顽强，敢于与强大的敌人对抗，其处世稳重、谦让、低调，不易树敌；待人宽厚谦和，团队凝聚力超强，素有"仁慈"的美名，符合身为儒士的诸葛亮心目中理想的君主形象；第三，刘备是汉朝皇族后裔，拥有汉室"皇叔"品牌，具备名正言顺继承"大统"的资格，而这是刘备增值潜力最大的资源且其他诸侯很难替代。再说，此时曹操和孙权两大集团都已人才济济、颇具规模，诸葛亮若去投奔，最多也只能成为一名"中层管理人员"；而刘备集团当时主要由一些武将构成，具有决策能力的高级参谋人才奇缺,诸葛亮完全有可能被破格提拔进入最高领导层……想到这些诸葛亮也就痛快地答应了刘备的请求。

再次,诸葛亮矢志不渝、敬职敬业直至死而后已亦因其终于找到一个可以真正托付终身、助其实现宏伟目标的"明君",他由一介书生到位极人臣,得到刘备的重任,很快成为刘蜀集团的核心人物。刘备始终待诸葛亮为上宾,全部重大决策都要与其共同商讨。诸葛亮作为刘备的军师,走马上任帮助刘备成就的第一件大事,就是联盟孙吴。话说曹操统一北方后,雄心勃勃,企图一举南下,统一全国。建安十三年(208),曹操亲率大军进攻荆襄。诸葛亮请示刘备,说服孙权,协同作战,共同抗曹,一举取得赤壁之战大捷。诸葛亮因此名声大震,刘备也乘胜夺取江南各郡。刘备任命诸葛亮为军师中郎将。建安十九年(214)刘备占领成都,三国鼎立局面形成,诸葛亮升为军师将军并代理左将军府的各项事务。建安二十五年(220),曹操病死,曹丕代汉称帝,建立魏国。第二年刘备改元称帝,国号汉,定年号为"章武",任命诸葛亮为丞相。章武元年(221),刘备在夺回荆州之战中惨败后,一病不起。章武三年(223)在白帝城托付后事,刘备对诸葛亮说:"若嗣子可辅,辅之;如其不才,君可自取。"然后又对儿子刘禅说:"你和丞相从事,要像对待父亲一样对他!"刘备死后,刘禅即位,改元建兴,封诸葛亮为武乡候,成立丞相府,政事事无巨细,都由诸葛亮决定。诸葛亮辅佐后主的第一件大事是恢复和孙吴的联盟,然后是整顿内政,南抚夷越,备战北伐。建兴四年(226),曹丕病死,其子即位,诸葛亮认为这是进攻曹魏的大好时机。于是在建兴五年(227)领兵二十万进驻汉中。临行前,诸葛亮对政府人员做了细致的调整安排,然后再给他最不放心的后主刘禅上了一个奏章,这就是流传千古的名篇——《出师表》。从建兴六年(228)第一次北伐,到建兴十二年(234)第五次也是最后一次北伐,七年五次北伐,诸葛亮与土地四倍于己、人口五倍于己的曹魏抗衡,最终因劳累过度毁坏了身体健康,以"出师未捷身先死"的遗憾结束了他战斗的一生,死在五丈原军中,终年54岁,死后被追谥为"忠

第八章 日臻完善：大学生职业生涯规划的管理

武侯"。

分析：《出师表》除了陈述北伐目的，表明统一中原的壮志外，主要是劝说刘禅认清蜀汉在三国中所处的不利地位，希望他能励精图治，从执法、用人、纳谏等方面懂得应当做什么、不应当做什么。"庶竭驽钝""临表涕零"的赤诚之心感天动地、超古冠今。"北定中原"既是诸葛亮在《隆中对》中跟随刘备的既定目标，也是兑现他在《出师表》中对刘禅的承诺。后人特别推崇诸葛亮运筹帷幄、神机妙算的军事才能，将其视为战争智慧的化身。其说话算数，无论前面有多少艰难险阻，都荣辱与共，坚持不懈，尽职尽责，力求完美，一心一意，忠贞不二，且不计个人得失，这才是诸葛亮职业生涯中更为宝贵的一面。以他为杰出代表的"鞠躬尽瘁，死而后已"的敬业精神，成为中华民族的宝贵财富。

参考文献

[1] 舒卫华. 大学生职业生涯发展与就业指导 [M]. 武汉：华中科技大学出版社, 2018.

[2] 杨红英. 大学生职业生涯规划 [M]. 昆明：云南大学出版社, 2015.

[3] 周艳秋, 曹永胜. 大学生职业生涯规划 [M]. 北京：中央民族大学出版社, 2015.

[4] 张卿, 王孝胜. 大学生职业生涯规划与就业指导 [M]. 西安：西北工业大学出版社, 2018.

[5] 王兆明, 顾坤华. 大学生职业生涯规划 [M]. 苏州：苏州大学出版社, 2018.

[6] 陈彩彦, 兰冬蓉. 大学生职业生涯规划 [M]. 北京：航空工业出版社, 2018.

[7] 李可依, 毛可斌, 朱余洁. 大学生职业生涯规划 [M]. 上海：上海交通大学出版社, 2017.

[8] 张林, 布俊峰, 石兆俊. 大学生职业生涯规划 [M]. 成都：电子科技大学出版社, 2017.

[9] 杨克林. 大学生职业生涯规划 [M]. 北京：北京理工大学出版社, 2015.

[10] 肖俊涛. 大学生职业生涯规划 [M]. 天津：天津大学出版社, 2014.

[11] 张季菁, 张雪松. 大学生职业生涯规划与就业指导 [M]. 北京：中国经济出版社, 2018.

[12] 刘梅月, 王斌. 大学生职业生涯规划与发展 [M]. 济南：

山东人民出版社,2018.

[13] 王炼,苏斌.大学生职业生涯规划[M].成都:四川大学出版社,2018.

[14] 王林,王天英,杨新惠.大学生职业生涯与就业指导[M].北京:中国铁道出版社,2018.

[15] 林佩静,刘荣.大学生职业生涯规划与就业创业指导[M].西安:西安电子科技大学出版社,2017.

[16] 夏忠.大学生职业生涯规划与就业指导[M].北京:北京理工大学出版社,2017.

[17] 王佳,张健,姚圆鑫.大学生职业生涯规划与就业指导[M].北京:国家行政学院出版社,2017.

[18] 杨军.高校职业生涯规划教育的特点、原则和路径分析[J].学校党建与思想教育,2018(22):60-62.

[19] 张海娟,刘晓军.大学生职业生涯规划教育的困境与对策[J].教育与职业,2017(11):79-84.

[20] 吕梦醒,戴坤.高校大学生职业生涯规划教育研究[J].中国大学生就业,2018(08):55-59.

[21] 周哲熙.构建高校大学生职业生涯规划教育体系策略探究[J].教育现代化,2017,4(32):70-71.

[22] 马英子.应用型本科高校开展职业生涯规划教育的思考[J].开封教育学院学报,2018,38(07):212-213.

[23] 徐幼文.大学生职业生涯规划教育的目标体系及实现路径[J].教育评论,2015(02):100-102.

[24] 钱川.高等院校大学生职业生涯选择与规划的实施[J].西部素质教育,2019,5(20):136-142.

[25] 曲可佳,鞠瑞华,张清清.大学生主动性人格、职业决策自我效能感与职业生涯探索的关系[J].心理发展与教育,2015,31(04):445-450.

[26] 王平,韩菡,尹昌美,魏飞.大学生职业生涯规划与创新创业能力提升探析[J].山东青年政治学院学报,2016,32(01):

56-60.

[27] 步德胜. "双创"背景下的大学生职业生涯规划[J]. 中国高校科技, 2016（10）: 94-96.

[28] 曾淑艳, 罗芽松. 大学生职业生涯规划指导的方法[J]. 当代教育理论与实践, 2018, 10（03）: 104-108.

[29] 谷建. 不同年级大学生职业生涯规划教育现状研究[J]. 中国农村教育, 2020（12）: 22-23.

[30] 窦凯. 大学生职业规划意识的强化及价值探讨[J]. 教育现代化, 2019, 6（89）: 147-148.

[31] 周炎根. 大学生职业决策自我效能与职业生涯规划的关系研究[J]. 教育与职业, 2012（06）: 91-93.

[32] 王华. 大学生职业生涯管理能力结构及培养策略[J]. 教育与教学研究, 2018, 32（11）: 60-65+126.

[33] 李思颖, 陈莹花. 大学生职业生涯规划与就业指导课程教学改革的探索[J]. 湘南学院学报, 2018, 39（04）: 123-125.

[34] 巩俊龙. 职业生涯规划视阈下大学生就业问题探析[J]. 商洛学院学报, 2017, 31（01）: 74-77.

[35] 张方华. 面向就业的大学生职业生涯规划教育[J]. 科技资讯, 2018, 16（35）: 255-256.

[36] 胡艳华, 井影, 曹雪梅. 大学生职业决策自我效能感与就业力的关系: 职业生涯规划的中介作用[J]. 教育理论与实践, 2019, 39（12）: 38-40.

[37] 陈晓玲, 余倩花, 周厚高. 大学生职业生涯规划教育的创新实践[J]. 教育教学论坛, 2017（03）: 37-38.

[38] 王舟. 职业生涯规划视角下高校大学生就业能力提升问题研究[J]. 现代交际, 2018（04）: 148-149.

[39] 戴颖. 大学生职业生涯规划教育的相关思考[J]. 西部素质教育, 2018, 4（12）: 141-142.

[40] 尹剑峰, 龙梅兰. 新形势下中国大学生职业生涯规划研究[J]. 中国大学生就业, 2017（02）: 60-64.

[41] 王芳.浅谈大学生职业生涯规划在就业指导工作中的作用[J].教育教学论坛,2018（11）:28-29.